A MON PÈRE

ET

A MA MÈRE.

H.-A.-J.-B. FAUGEYROUX.

UNIVERSITÉ DE FRANCE.

ACADÉMIE DE STRASBOURG.

THÈSE

POUR LE DOCTORAT.

PRÉSENTÉE

A LA FACULTÉ DE DROIT DE STRASBOURG,

ET SOUTENUE PUBLIQUEMENT

LE SAMEDI **29** MARS **1845**, A MIDI,

PAR

HENRI-ALFRED-JEAN-BAPTISTE FAUGEYROUX,

AVOCAT,

DE MELGVEN (Finistère).

STRASBOURG,

IMPRIMERIE DE PH.-ALB. DANNBACH, RUE DU BOUCLIER, 1.

1845.

FACULTÉ DE DROIT DE STRASBOURG.

PROFESSEURS.

MM. Rauter, doyen et professeur de procédure civile et de législation
criminelle.
Bloechel, professeur de Droit civil français.
Hepp, professeur de Droit de gens.
Heimburger, professeur de Droit romain.
Thieriet, professeur de Droit commercial.
Aubry, professeur de Droit civil français.
Schutzenberger, professeur de Droit administratif.
Rau, professeur de Droit civil français.

PROFESSEURS SUPPLÉANS.

MM. Eschbach, professeur suppléant.
Lafon, professeur suppléant provisoire.

M. Pothier, agent comptable.

Examinateurs de la Thèse.

M. Thieriet, Président de la Thèse.

Examinateurs : { MM. Thieriet, Aubry, Rau, Bloechel, } Professeurs.

Eschbach, professeur suppléant provisoire.

La Faculté n'entend ni approuver ni désapprouver les opinions particulières au candidat.

JUS ROMANUM.

— ◦◦◦ —

COLLATIO BONORUM.

Ejus notio et ratio, tum quibus casibus locum habeat bonorum
collatio, tum inter quas personas locum habeat.

Collatio bonorum est, quæa descendentibus, fit cohæredibus,
qui item descendunt a defuncto, scilicet æqualitatis conser-
vandæ gratiâ, atque hâc potestate, ut bona inferentes unâ cum
his quibus confertur, ad ascendentis defuncti admittantur successionem. Et primo quidem prætores edixerunt, ut bonorum
possessionis contra tabulas ab emancipato impetratæ nulla esset
vis, nisi hic bona sua, utpote ex paterno beneficio quæsita,
in medium conferret iis, qui in potestate patris remansissent
dummodo hi et ipsi petierint bonorum possessionem.[1]

Toties igitur collationi locus est, quoties aliquo incommodo
affectus est is qui in potestate est, interventu emancipati; cæterum, si non est, collatio cessabit.[2]

---

[1] L. 1. D. ulp. lib. 40. ad. ed.
[2] L. 1. D. § 5 de coll.

1

Huic regulæ consequens est ut, si is, qui in potestate retentus est, scriptus fuisset hæres, et ex hâc possessione non minorem partem consequatur quam et quâ scriptus fuerat, collatio cesset; ut in specie sequenti : pater filium quem in potestate habebat, et extraneum hæredem scripsit, emancipatum præteriit; bonorum possessionem contra tabulas uterque filius accepit, potest non incommode dici emancipatum ita demum conferre fratri suo debere, si aliquid ei ex causâ hæreditariâ abstulerit, nam si minore ex parte, quam dimidia, is, qui in potestate erat hæres scriptus fuerit : iniquam videbitur collationem postulare ab eo, propter quem amplius, hæreditate paternâ habiturus est.[3]

Vel maxime autem tunc emancipatum conferre non oportet, si etiam judicium patris meruit; nec quidquam amplius nanciscitur, quam ei pater dedit.[4]

Sed et si legatis meruit semissem, vel tantum , quantum contra tabulas bonorum possessionem occupat, dicendum est non esse cogendum ad collationem.[5]

Et ita quidem in casu quo, is qui in potestate retentus est, venit ad possessionem contra tabulas cum emancipato.

Quid si ipse non veniat? nec conferendum est : et ita edictum se habet, sed magis sentio, ut quemadmodum pro parte hæreditatem retinet jure eo, quod bonorum possessionem petere posset, ita et conferri ei debeat : utique cum injuriam per bonorum possessionem patiatur.[6]

Collationi locus est. Cum ad bonorum possessionem ab intestato *unde liberi* emancipatus concurrit cum eo qui in potestate retentus est; si quidem jure civili ex asse hæres esse deberet.

---

[3] L. 1. D. § 4 de coll.
[4] L. 1. D. § 6 de coll.
[5] L. 1. D. § 7. h. t.
[6] L. 10. D. Scævola lib. 5. question.

Unde ita rescribunt imperatores Diocletian. et Maximian.:
Si emancipati utrique a patre fuistis, collatio cessat. Sin autem
frater tuus in potestate patris, mortis tempore fuerat, nec
ullum testamentum relictum est, vel novissimum judicium
communis patris, teque emancipatum probatum fuerit : ab intestato te, ad successionem paternam venientem, ad collationem forma edicti perpetui certo jure provocat.[7]

Cæterum, non nisi in prædictis possessionibus *unde liberi*,
vel contra tabulas, collationi locus ésse potest, non in successione testamentariâ.

Hinc Papinianus rescribit :|pater filium emancipatum hære-
dem instituit, et filiam exhæredavit, quæ inofficiosi lite per-
lata, partem dimidiam hæreditatis abstulit, non esse fratrem
bona sua conferre cogendum : nam et libertates competere
placuit.[8]

Nec ipsa dotem fratribus suis conferet, quum diverso jure fratres sint hæredes.[9]

Hinc etiam rescribit Alexander : emancipatos liberos testamento hæredes scriptos et ex eo successionem obtinentes, a
patre donata fratribus conferre non oportere, si pater, ut
hoc fiat, supremis judiciis non cavit, manifesti juris est.[10]

Ex novellâ autem xviii, cap. vi, etiam in testamentariâ successione collationi locus est, nisi vetuerit testator.

Inter eos dabitur collatio, quibus possessio data est.[11]

Si bonorum possessione acceptâ decesserit is, qui in potestate
est, ad collationem bonorum cogendum emancipatum : ut tan-

---

[7] L. 9. C. de coll.
[8] L. 6. D. de dot. coll.
[9] L. 7. D. de dot. coll.
[10] L. 1. C. de coll.
[11] L. 1. D. § 1 de coll.

tum hæredi ejus conferat quantum conferret ipsi si viveret. Quod si ante acceptam bonorum possessionem decesserit suus, hæredem ejus prætor tueri debebit pro ea parte quâ hæres scriptus fuit is, qui in potestate erat : non tamen ultra virilem. Ad collationem autem non admittit eum in hunc casum : quia bonorum possessio admissa non est.[12]

Prætor non sub conditione collationis bonorum possessionem contra tabulas promittit. Sed demonstrat quid data bonorum possessione fieri oportet. Alioquin magna captio erit emancipati, si non aliter bonorum possessionem accipere intelligeretur, nisi cavisset de collatione. Nam si interim ipse decessisset, hæredi suo nihil relinqueret, item si frater ejus decessisset, non admitteretur ad bonorum possessionem. Quid ergo est? intelligendum est bonorum possessionem accipere, et antequam caveat : sed sinon caverit, ita observabitur, ut tota bæreditas apud eum, qui in potestate fuerit remaneat.[13]

Quæ idem conferendi necessitas subinde dilatata est, hoc pacto ut etiam intestato patre mortuo emancipati iidemque bonorum possessores conferre bona sua necesse haberent.

Si pater filium emancipaverit, nepotem retinuerit, deinde filius decesserit : et rei æquitas, et causa edicti, quo de bonorum possessione liberis danda cavetur, efficit, ut ejus ratio habeatur, et bonorum possessio intestato patris detur : ut tamen bona sorori, quæ necessaria hæres patri extitit conferre cogatur avus, qui per eum bonorum possessionis emolumentum adquisiturus eet, nisi forte avus iste nullum ex his fructum adquirere vult, paratusque est de potestate nepotem dimittere, ut ad emancipatum emolumentum omne bonorum possessionis perveniat. Nec idcirco soror, quæ patri hæres extitit, juste

[12] L. 1. D. § 8 de coll.
[13] L. 3. D. de coll.

quæri poterit, quod eo facto a collationis commodo excluditur cum avo quandoque intestato defuncto, ad bona ejus simul cum fratre possit venire.[14]

Tum a filiâ, licet in suorum numero esset hæredum, tamen dos esset conferenda fratribus, ad quos æquo jure pertineret hæreditas.

Filiæ dotem in medium ita demum conferre coguntur, si vel ab intestato succedant, vel contra tabulas petant : nec dubium est profectitiam seu adventitiam dotem a patre datam vel constitutam, fratribus, qui in potestate fuerunt, conferendam esse. His etenim, qui in familiâ defuncti non sunt, profectitiam tantummodo dotem post varias prudentium opiniones conferri placuit.[15]

Quanquam ita demum ad collationem dotis prætor cogat filiam, si petat bonorum possessionem : attamen et si non petat, conferre debebit, si modo se bonis paternis misceat. Et hoc divus pius Ulpio Adriano rescripsit, etiam eam quæ non petierit bonorum possessionem, ad collationem dotis per arbitrum familiæ erciscundæ posse compelli.[16]

Præterea his quoque conferretur, qui ipsi non acceperint bonorum possessionem.

Si filius in potestate hæres institutus adeat, et emancipato petente bonorum possessionem contra tabulas, ipse non petat, nec conferendum est ei.[17]

Donec juris constituentium auctoritate, et vel maxime Justiniani, postremo obtinuit ut omnino omnes, qui unâ parentibus succederint, sive in potestate essent constituti, sive non,

---

[14] L. 6. D. si tabulæ testamenti nullæ.

[15] L. 4. C. de coll.

[16] L. 1. D. de dot. coll.

[17] L. 10. D. h. t.

itemque, sive testamento, sive lege eis delata esset hæreditas, sibi invicem quædam ex his conferrent, quæ ex defuncti, dum esset in vivis, liberalitate ad ipsos profecta essent.[18]

Ex quo consequitur, ut etiam qui diversis inter se gradibus distant a defuncto, conferre sibi invicem necesse habeant[19], et parens adeo liberis ipsius, quibuscum concurrat in avi hæreditate.[20]

Et quum antiquitus emolumentum collationis, non nisi ad eos pertineret, quibus auferretur aliquid cohæredis interventu, postea constitutum est, ut omnibus, quicumque essent in descendentium genere, collatio facta prodesset.[21]

Si sit nepos et neptis ex eodem filio, et dotata sit neptis; sit et filius, non pater eorum : neptis omnem dotem soli fratri collatura est : emancipata autem neptis dotem et bona sua soli nepoti, non etiam patruo conferet. Sed si sit neptis sola, non etiam nepos ex eodem : tunc confertur patruo, itemque nepoti vel nepti ex alio. Sed et si duæ neptes sint ex diversis filiis, conferent et invicem et patruo, si ex eodem patre, tantum invicem conferent.[22]

Emancipatus filius, si quidem nepotes in avi potestate non habeat, fratribus suis conferet. Sed si sint nepotes, voluit eum prætor filiis suis, qui sunt in potestate, solis conferre : merito : quia veniendo ad bonorum possessionem, illis solis injuriam facit.[23]

Quo quidem constituto, semper tamen stetit jus, ut hi tantum, qui in descendentium essent numero defuncti, invicem

[18] L. 17—19. C. h. t. Nov. 18, ch. 6.
[19] L. 19. C. h. t.
[20] L. 3. § 6. D. h. t.
[21] L. 19. C. h.
[22] L. 1. § 2, 3, 4, de dot. coll.
[23] L. 1. D. § 13. De conjungendis cum emancipato liberis ejus.

sibi conferrent.[24], tum vero, et non esse conferendum, cui cohæredis interventu major etiam obveniat hæreditatis pars, quam
alioquin ad eum perventura sit.

Cæterum, qui in alicujus bona ut hæredes succedunt, quæ
ab hoc erant conferenda, et ipsi debent inferre.

De quo quidem non dubitatur, cum in avi hæreditate nepos
concurrit qui patris sui hæres factus est. Nam licet patri nondum delata fuit hæreditas, tamen filio ejus, suo jure petenti
avi hæreditatem a cohæredibus, nisi offerat, quæ a patre fuerint conferenda, doli excepti nocebit. Atque idem etiam im-
plendum est officium ab his, quibus bona cessit debitor, si quid
habere atque exercere jus alienum nemo potest, nisi his legibus
quibus ipse adstrictus est, ad quem propriè spectat jus.

Quod quidem necesse non habent, qui proprio jure succe-
dentes alius locum occupant, nec nepotes quidem, patris præ-
mortui, cujus tamen hæredes facti non sunt, locum occupantes.

. Contrariam sententiam plerique tuentur maxime propter,
Nov. 118, c. 1, verba *«tantam de hæreditate accipientes partem
quantam eorum parens, si viveret, habuisset.»* Quæ tamen
verba de eâ tantum intelligenda sunt hæreditatis parte, quæ
per se ac simpliciter pertinere poterat ad parentem, non vero de
parte, quæ deductis conferendis superfutura est.—Accedit illud
quoque, quod, cum in prætoriâ successione eadem illa stirpis
succedendi ratio obtineret, et emancipati filii omnia sua bona
in medium conferre necesse haberent, tamen liberi eorum non
nisi id conferrent, quod in bonis paternis ad ipsos pervenisset
*«sive hæreditatem a patre, sive legatum acceperit; hoc conferre
debebit.»* Stat igitur sententia quæ etiam ratione nititur, sub
eos, qui proprio suo jure succedant, nihil ex aliorum personis
suscipere aut implere officii necesse habere.

[24] L. 1. § 14. D. h. t.

Cessat autem collatio cum hæredis voluntate, scilicet hæreditatem a parente profectam repudiantis.

Nam ut rescribunt Diocletian. et Maximian. ex causâ donationis vel aliunde tibi quæsita, si avi successionem respueris conferre fratribus compelli non potes.[25]

Pater nubenti filiæ quasdam res præter dotem dedit, eamque in familiâ retinuit, ac fratribus sub conditione, *si dotem et cætera, quæ nubenti tradidit* contulisset, cohære dem adscripsit : cum filia se bonis abstinuisset, fratribus res in dotem datas vindicantibus, exceptionem doli placuit obstare; quoniam pater filium alterutrum habere voluit.[26]

Fuit quæstionis, an, si sua hæres filia patri cum fratribus, contenta dote abstinent se bonis; compellatur eam conferre? Et divus Marcus rescripsit, non compelli abstinentem se ab hæreditate patris. Ergo non tantum data apud maritum remanebit, sed et promissa exigetur etiam a fratribus : et est æris alieni loco; abscessit enim a bonis patris. [27]

Collatio cessat, tum ipsius patris prohibitione; dummodo id non fuit in liberorum fraudem, quibus legitima portio debetur. Cæterum, licet etiam tacitâ parentis voluntate necessitas rerum conferendarum remitti potest, tamen id esse factum accipi non debet, cum in ambiguo res est.

Collatio cessat denique prorsus extinctis consumptisque sine hæredis culpâ rebus, quarum inferendarum est obligatio.

Confertur autem, etiam si quid ejus non fuerit, dolo malo autem factum sit, quominus esset, sed hoc sic accipiendum est, ut hoc demum conferatur, quod ejus esse desiit dolo malo. Cæ-

---

[25] L. 25. C. fam. ere.

[26] L. 8. D. de dot. coll.

[27] L. 9. D. de dot. coll.

terum si id egit ne adquireret : non venit in collationem, nam hic et sibi insidiatus est. [28]

De illis, quæ sine culpâ filii emancipati post mortem patris perierunt, quæritur ad cujus detrimentum ea pertinere debeant? et plerique putant ea, quæ sine dolo et culpâ perierint, ad collationis onus non pertinere : et hoc ex illis verbis intelligendum est, quibus prætor boni viri arbitratu jubet conferre bona : vir autem bonus non sit arbitraturus conferendum id, quod nec habet, nec dolo, nec culpâ desiit habere. [29]

Ea demum ab emancipatis fratribus, his qui remanserunt in potestate conferri consueverunt, quæ in bonis fuerunt eo tempore, quo pater fati munus implevit. Exceptis his videlicet, quæ ab ipsis aliis debentur, quæ post ea adquisiverunt. [30]

Quod si jam factum divortium est, et maritus non sit solvendo : non debebit integra dos computari mulieri, sed id, quo ad mulierem potest pervenire, hoc est, quod facere maritus potest. [31]

Obtulit pater dotem, aut forte mater pro filiâ suâ, hanc autem illa obtulit marito : et defunctus est vir inops. Deinde patre et matre mortuis, exigitur quæ nupsit conferre suam dotem, aut minus tanto accipere. Quid? filia quæ se rebus patris immiscet, conferre fratribus dotem debet, aut tantum de bonis paternis remittere.

Si filia dotem integram a suo marito recuperare non potuit, eo scilicet non existente solvendo; non id tantum confert, quod a marito potest consequi ut jure veteri, sed ita, si sui juris fuit, aut si perfectæ ætatis mulier dotem amplam habuit, po-

[28] L. 1. § 23. D. h. t.
[29] L. 2. § 2. D. h. t.
[30] L. 6. C. de collat.
[31] L. 1. § 6. D. de dot. col.

tuitque viro ad inopiam vergentem, dotem repetere nec repetiit, tunc enim integram dotem conferet, nec liberabitur inanem actionem cobæredibus suis conferendo; si non ampla fuit dos, id est, si minor centum liberabitur. Quod eo casu, sine voluntate patris agere non poterat, utique si pater ejus dotem non petierit, liberabitur nudam actionem dotis conferendo.

Qui conferre debeant. Quibus conferri oporteat.

Ex his autem inter quos collatio fit, alii conferunt, aliis confertur.

Conferre debent emancipati qui intestati patris bonorum possessionem acceperant; si nepos ex eodem in familiâ retentus, semissem hæreditatis cum emolumento collationis habebit — idem nepos si postea possessionem intestati patris accipiat, fratri post emancipationem patris quæsito, et in familiâ retento, bona sua conferre cogetur. [1]

Hinc rescripsit Anastasius : liberos qui per legis auctoritatem, per oblationem precum et imperiale rescriptum sui juris effecti fuerint, ad similitudinem cæterorum, qui emancipati ex antiquo jure sunt, collationes facere compelli secundum ea quæ cæteris emancipatis statuta sunt. [2]

Is quoque qui in adoptivâ familiâ est, conferre cogitur ; hoc est, non ipse, sed is qui eum habet, si maluerit contra tabulas bonorum possessionem accipere. Plane, si hic adoptivus pater ante bonorum possessionem petitam emancipaverit eum, non cogetur ad collationem.

Sed ita demum adoptivus emancipatus collatione fratres privabit, si sine fraude id factum sit. [3]

[1] L. 9. D. h. t.
[2] L. 18. C. h. t.
[3] L. 1. § 14. D. h. t.

Quemadmodum emancipati et in adoptionem dati conferunt ;
simili ratione, si quis filium habeat sui juris, et ex eo nepotem
in potestate suâ ; consequenter erit dicendum, si nepos patris
sui emancipati accipiat bonorum possessionem, de conferendis
suis quoque bonis cavere eum debere, et esse ei similem qui adoptavit. Hoc enim divi fratres rescripserunt ut ad collationem avus
compellatur.

Plane eodem rescripte adjectus est sic : nisi forte avus iste
nullum ex his bonis fructum acquirere vult, paratusque est de
potestate nepotem dimittere, ut ad emancipatum omne emolumentum bonorum possessionis perveniat. Nec idcirco ea filia,
quæ post emancipationem nata patri hæres extitit, juste queri
poterit (inquit). Quod eo facto collationis commodo excluditur :
cum avo quandoque defuncto, ad bona ejus simul cum fratre
venire.

Hæc in patre adoptivo ratio reddi non potest ; et tamen si
sine dolo malo emancipaverit. [4]

Item modestinus rescripsit : emancipato quis filio retinuit ex
eo nepotes in potestate : filius emancipatus susceptis postea liberis decessit. Placuit in avi potestate manentes, simul cum
his qui post emancipationem nati sunt, decreto bonorum possessionem accipere ; manente eo, ut si velit, avus sibi per nepotes adquiri, bona sua conferat ; aut nepotes emancipet, ut
sibi emolumentum paternæ hæreditatis adquirant. [5]

Hanc legem judicat Cujacius fugitivam esse, et a suo titulo
rejectam et in minus proprium locum translatam.

Emancipati bona sua conferre cum his qui in potestate fuerunt jubentur. [6]

[4] L. 5. D. h. t.
[5] L. 4. D. de conj. cum emanc. lib. ejus.
[6] L. 3. § 3. D. h. t.

Et quidem etiam posthumo præterito, patris testamentum rumpenti, atque intestato succedenti, emancipatum petita bonorum possessione conferre debere bona sua perpetuo edicto cavetur : cum his etiam, qui sui futuri essent, si vivo patre nati fuissent, conferre debere manifeste significatur; et emancipatis, si legi datæ collationis non pareant, denegandas actiones, non est ambigui juris. [7]

Demum autem postquam natus fuerit posthumus collatio fiet.

Hinc si prægnantem quis uxorem reliquerit, et ea ventris nomine in possessionem missa fuerit; interim cessat collatio, nam antequam nascatur, non potest dici, in potestate morientis fuisse, sed nato conferetur. [8]

Ei autem, de cujus statu controversia est, interim collatio fit.

Emancipatus filius controversiam facit impuberi, qui se filium et in potestate patris fuisse dicit. Quæro si bona sua ei emancipatus conferre debeat? Paulus notat : puto conferendum esse exactâ cautione, ut victus, sicut hæreditatem, ita et quæ collata sunt, præstet. [9]

Neque solum his collatio fit, cum extra tempora statuta ad bonorum possessionem admissi sunt; sed et plane si minorem, vel alium quem restituere in integrum solet prætor, restituerit ad bonorum possessionem contra tabulas petendam, quam omiserat : utique etiam collationis commodum ei restituit. [10]

Aliis præter eos qui in potestate fuerunt, non fit collatio, sed et inter eos qui in potestate retenti sunt, his duntaxat confert emancipatus, quibus aliquid ex bonis paternis aufert.

Ita statuit Ulpianus : sed et si nepos, et ex alio nepote de-

[7] L. 11. Cod. h. t.
[8] L. 12. D. h. t.
[9] L. 3. § 1. D. h. t.
[10] L. 1. § 2. D. h. t.

functo duo pronepotes; unus ex pronepotibus emancipatus soli
fratre suo conferat : vel si frater non est, soli patruo, non etiam
patruo majori. [11]

Aliud exemplum videre est in specie sequenti : qui duos filios
in potestate habebat, et ex uno eorum nepotem, emancipavit
filium ex quo nepotem habebat : deinde emancipatus factus
procreavit filium quem avus in locum filii adoptavit; et vel
intertatus, vel testamento facto, præterito emancipato filio;
decessit. Quæsitum est, quid de bonorum possessione, quid de
collatione juris esset? Respondit Julianus : bonorum, de quibus
quæritur, tres partes fieri debent, ex quibus una pertinet ad
filium qui in potestate remansit; altera ad nepotem qui in
locum filii adoptatus est; tertia ad emancipatum filium et
nepotem, qui in potestate remanserit : ita ut pater soli ei conferat, cum quo bonorum possessionem accipiat. [12]

An autem et hæredibus eorum quibus conferre oportere diximus, erit conferendum? ita distingue, ut ibidem Julianus ait,
si bonorum possessione acceptâ decesserit is, qui in potestate
est, ad collationem bonorum cogendum emancipatum : ut tantum hæredi ejus conferat, quantum conferret ipsi, si viveret.
Quod si ante acceptam bonorum possessionem decesserit suus,
hæredem ejus præter ita tueri debebit (inquit) pro eâ parte, qua
hæres scriptus fuit is qui in potestate erat : non tamen ultra
virilem, ad collationem autem non admittit eum in hunc casum, quia bonorum possessio admissa non est. [13]

De rebus quæ conjerantur, nec ne?

Conferre hæres debet non nisi ea quæ ad ipsum a parente, de

[11] L. 1. § 18. D. de conjung. cum emanc. liber ejus.
[12] L. 3. § 6. D. h. t.
[13] L. 1. § 8. D. h. t.

cujus successione quæritur, ex causâ inter vivos profecta sunt; nec illa quidem utique omnia.

Intestato moriens, codicillis prædia sua omnia et patrimonium inter liberos divisit; ita ut longe amplius filio, quam filiæ relinqueret; quæsitum est, an soror fratri dotem conferre deberet? Respondit Scævola, secundum ea quæ proponerentur, si nihil indivisum reliquisset, rectius dici ex voluntate defuncti collationem dotis cessare. [1]

Si ab ipso patre hærede instituto, filio ejus fideicommissum fuerit relictum, *cum morietur* : an id conferendum est, quoniam utile est hoc fideicommissum? et eveniet, ut pro eo habeatur, atque si post mortem patris relictum fuisset, nec cogetur hic conferre, quia moriente eo ejus non fuisset. [2]

A patre verbis precariis in codicillis relictum, cætero jure capiens filia, ad collationem dotis urgeri non potest. [3]

Filiam cum fratribus suis cohæredibus intestato patri succedentem ultra relictum codicillis non conferentem dotem, judicio familiæ erciscundæ nihil posse consequi, summâ cum ratione placuit. [4]

In numero igitur conferendorum bonorum sunt dos quæ a parente vel data vel promissa, non solum finito matrimonio, sed et durante eo, eatenus duntaxat, quatenus tempore collationis etiam exstat, dummodo non ipsius culpâ mulieris factum sit, quominus conservari dos potuerit.

Si in stipulatum stipulanti promissa deducta sit dos, si quidem ipsa mulier stipulata est, vel ipsi negotium gestum, æque conferre cogetur; si vero alii quæsita est stipulatio, dicendum

[1] L. 39. § 1. D. fam. erc.
[2] L. 1. § 19. D. h. t.
[3] L. 10. C. h. t.
[4] L. 16. C. h. t.

est cessare collationem; et si tantum promissa sit dos, collatio ejus fiet. [5]

Si pater intestatus decesserit relictis duobus filiis, et filia cujus nomine dotem promiserat, portiones hereditatis æquæ sunt, et dos nihilominus ita conferenda est, ut pro portionibus fratres ejus a necessitate præstandæ ejus dotis liberentur. [6]

Dotis quidem petitio perseverante matrimonio tibi non competebat; quamvis enim eam intestato patre defuncto, fratri conferre debueras; non tamen eo nomine adversus maritum tibi actio potuit esse, cum eo minus in partem tibi delatæ successionis patris auferre potueris. [7]

Itemque propter nuptias donatio, cujusquidem conferendæ obligatio simili ratione æstimanda est.

Tam dos, quam ante nuptias donatio confertur, quam mater vel pater, avus vel avia, proavus vel proavia, paternus vel maternus, dederit vel promiserit pro filio vel filiâ, nepote vel nepte, pronepote vel pronepte, nulla discretione intercedente, utrum in ipsas sponsas pro liberis suis memorati parentes donationem contulerint, an in ipsos sponsos earum, ut per eos eadem in sponsas donatio celebretur. [8]

Simplex donatarius, etiam invitus, ad collationem cogitur.

Falsum est, donatarium ad collationem faciendam non obstringi, nisi expressim donator collationem vetuerit; fallitur hic donatarius cum ita colligit : ideo se ad collationem non tenere, quod lex collationis ei dicta non fuerit. E contrario collige donatarium a collatione faciendâ prius non excusari, quam expressim collatio ei remissa sit.

<hr>

[5] L. 1. § 1. D. de dot coll.
[6] L. 2. C. h. t.
[7] L. 5. C. h. t.
[8] L. 17. C. h. t.

Præterea ex plerorumque quidem opinione .conferendum etiam est quidquid a parentibus beneficii in libcros collatum est, eo quidem consilio, ut vitæ privatæ recte instituendæ rerumque domesticarum bene gerendarum facultas eis esset, id quoque, quod hâc ex causâ acquisitum est liberis.. . .. :

Emancipatis liberis utriusque sexus, ea quæ in ipsâ emancipatione a parentibus suis consequuntur, vel post emancipationem ab eisdem parentibus acquisierint, collaturis. [9]

Sive quis piam intestatus moriatur, sive testatus, nihil dicens de collationibus, locum eis fieri, credimus quoniam incertum est ne forsan oblitus datorum aut præ tumultu mortis angustiatus, hujus non est memoratus. Nov..18, c. 6.

Jam vero conferre necesse fere non habent liberi quod simpliciter eis donatum est a parentibus, præterquam si aut emancipatis, iisque unâ cum his, qui in familiâ remanserunt, succedentibus, a patre donationes fiunt, aut ea quoque esse conferenda, quæ ex merâ parentis liberalitate profecta sint, ipso donationis factæ tempore injungitur, aut hi, quibus donatio facta est, cum fratribus concurrunt, sororibusque, qui aut dotem, propter nuptias donationem aut simpliciter etiam donationem conferre necesse habent; l. 20 in f. C. h. t., l. 20, §. 1, c. h. t.

Si donatione tibi post mortem patris fundum quæsisti : soror tua portionem ejus vindicare non potest. Nam si is filiæ familias constitutæ tibi a patre donatus est, cum sorore patri communi succedens, eum præcipuum habere contra jura postulas.[10]

Ab hâc lege collationis excipiuntur :

[9] L. 17. inf. C. h. t.
[10] L. 13. C. h. t.

Ea quæ filius habuit quidem cum pater moreretur, sed postea sine culpâ suâ habere desiit, l. 2. §. 2. D.

Excipi debent ea quæ ei, ad cujus bonorum possessionem venit, non acquisivisset, si in ejus potestate mansisset.

Hinc non conferuntur res castrenses, vel quasi-castrenses, quamvis a parentibus profectæ. Nec castrense, nec quasi–castrense peculium fratribus confertur : hoc enim præcipuum esse oportere, multis constitutionibus continetur.[11]

Ac multo etiam minus adventitia bona sunt in conferendorum numero. Ut enim castrense peculium in commune conferre in hæreditate dividendâ, et ex prisci juris auctoritate minime cogebantur, ita et alias res, quæ minime parentibus acquiruntur proprias liberis manere censemus.[12]

Hinc collige adventitia non conferri, ut ita abrogatur, l. 4, c. l. 1. §. 7. D. de dot. coll., nam adventitiorum nudus ususfructus p arentibus adquiritur.

Hinc etiam Paulus respondit : Ea, quæ post mortem patris filio reddi debuerunt, emancipatum filium, quamvis prius consecutus sit , quam deberentur fratri, qui in potestate patris relictus est, conferre non debere, cum post mortem patris, non tam ex donatione , quam ex causâ debiti, ea possidere videatur.[13]

Emancipatus filius, si dotem habeat ab uxore acceptam, hoc minus conferet, et si ante uxor decesserit.[14]

Quare sicut is, qui in potestate est, dotem uxoris præcipit, ita emancipatus quoque, quasi præcipiat, retinere debet.[15]

[11] L. 1. § 15. D. h. t.
[12] L. 21. inf. C. h. t.
[13] L. 11. D. h. t.
[14] L. 1. § 20. D. h. t.
[15] L. 3. § 4. D. h. t.

Excipitur etiam a collatione quidquid emancipatus ad onera dignitatis, quam habet, sustinenda accepit.

Ita enim Ulpianus : Sed an id, quod dignitatis nomine a patre datum est, vel debetur, conferre quis in commune cogatur, videamus? et ait Papinianus (libro tertio decimo quæst.) : Non esse cogendum; hoc enim propter onera dignitatis præcipuum habere oportere. Sed si adhuc debeatur, interpretandum est, ut non solus oneretur is qui dignitatem meruit, sed commune sit omnium hæredum onus hoc debitum.[16]

Præterea non conferuntur, quæ in liberorum alimenta, vel studia, erogata sunt a parente; quæ si præter id, quod liberis debetur, credendi animo subministrantur, tanquam æs alienum hæreditati inferenda sunt.

Quæ pater filio emancipato studiorum causâ peregre agenti subministravit, si non credendi animo pater misisse fuerit comprobatus, sed pietate debita ductus, in rationem portionis, quæ ex defuncti bonis ad eumdem filium pertinuit, computari æquitas non patitur.[17]

Si aliunde filio facultates suppetebant, præsumitur parens de filii bonis has impensas potius fecisse qua de suis. Arg. l. 34, de neg. gest.

Interdum ergo impensæ filii causâ in studiis factæ, conferendæ sunt, interdiu non conferendæ.

Ac multo etiam magis intelligitur non esse conferenda, quæ parens, vel remunerandi vel ostentandi, vel sui ipsius potissimum causâ impendit, quæ ita denique, ut nihil inde commodi ad rem liberorum familiarem vere redundaret.[18]

---

[16] L. 1. § 16. D. h. t.
[17] L. 50. D. fam. ere.
[18] L. 17. C. de postlim. rev. et red. ab. host.

Quædam etiam actiones quæ emancipato competunt, non conferuntur; quædam autem conferuntur.

Emancipatus filius, si injuriarum habet actionem, nihil conferre debet, magis enim vindictæ, quam pecuniæ habet persecutionem. Sed si furti habeat actionem, conferre debebit.[19]

Si impuberi adrogato secundum Divi Pii rescriptum quarta debetur, videndum est an, si patris naturalis bonorum possessionem petat, conferre quartam debeat? Quæstio in eo est, an hæredi suo relinquat quartæ actionem, an non? et magis est, ut ad hæredem transferat, quia personalis actio est. Igitur etiam de quartâ conferendâ cavere eum oportebit. Sed hoc ita demùm, si jam nata est quartæ petitio; cæterum si adhuc pater adoptivus vivat qui eum emancipavit, dicendum est cautionem quoque cessare; præmatura enim est spes collationis, quum adhuc vivat is cujus de bonis quarta debetur.[20]

Cæterum, quæ ex re parentum tenent liberi, velut profectitium peculium, aut alioquin ipsis debentur, ea, similiter ut alii debitores, hæreditati restituere necesse habent.

Certum est liberorum peculia post mortem patris in hæreditatem dividendam, ad communionem esse revocanda. Frater autem et cohæres tuus, ob contractus, quibus vivente patre etiam ignorante ipso obligatus fuit, convenire te et alterum fratrem tuum, cohæredem vestrum ultra non potest, quam ut de peculio suo recipiat tantam quautitatem, in quantam condemnatus est his, cum quibus ipse contraxit.[21]

---

[19] L. 2. § 4. D. h. t.
[20] L. 1. § 21. D. h. t.
[21] L. 13. C. fam. ere.

*De his quæ emancipato obvenerunt post mortem ejus ad cujus
bonorum possessionem venit.*

Nec emancipati post mortem communis patris quæsita conferre coguntur; sed hæc retinentes, ejus bona pro hæreditariâ
dividunt portione. [1]

Quædam tamen certis casibus, licet obvenerint post mortem
ejus cujus bonorum possessio petitur, conferenda sunt.

Quum emancipati filii nomine, nepotem posthumum post
avi mortem editum, dicimus bonorum possessionem accipere
oportere, necessarium erit dicere, bona sua eum conferre; licet
non potest dici mortis tempore avi bona habuisse, qui ipse
nondum in rerum naturâ erat. Igitur sive hæreditatem, sive
legatum acceperit, hoc conferre debebit. [2]

Item qui ab hostibus captus, post mortem patris redit; licet
moriente patre nihil habuit, quum apud hostes fuerit, tamen
et ad bonorum possessionem admittetur, et conferet scilicet ea
quæ moriente patre haberet, si ab hostibus captus non fuisset.
Sed et si redemptus ab hostibus mortis tempore patris invenia-
tur, æque collatio erit facienda. [3]

Denique, quotiescunque aliquid post mortem ejus cujus bonorum possessio petita est, ita mihi obvenit, ut magis illud
retinere quam acquirere videar; conferre illud debebo.

Exemplum affert Ulpianus : si is, qui bona collaturus est,
habeat filium peculium castrense habentem, non cogetur utique peculium ejus conferre. Sed si jam tunc mortuus erat filius
ejus, et castrense peculium habuit, cum moritur is cujus bo-

---

[1] L. 15. C. h. t.

[2] L. 2. D. h. t.

[3] L. 1. § 17. D. h. t.

norum possessio petenda est, an conferre cogetur? Quum autem
vindicari id patri non sit necesse, dici oportebit, conferendum :
non enim nunc acquiritur, sed non adimitur. Amplius dico,
et si institutus fuerit a filio hæres, necdum adierit, habeatque
substitutum, quia non magis nunc quæritur peculium, quam
nunc non alienatur, conferri debere.[4]

Quum in contractibus conditio ad diem contractûs retro tra-
hatur, id quoque, quod sub conditione ex stipulatu debetur
emancipato, conferri debet. Diversum est in legato conditio-
nali; quia, et si in potestate fuisset, et post mortem patris conditio extitisset, ipse haberet actionem.[5]

Cæterum, si emancipato legatum fuerit cum pater morietur,
etiam hoc conferre debet.[6]

Contra, si ab ipso patre hærede instituto, filio ejus fideicommissum fuerit relictum cum morietur; an id conferendum est,
quoniam utile est hoc fideicommissum? Et eveniet ut pro eo
habeatur, atque si post mortem patris relictum fuisset : nec
cogetur hic conferre, quia moriente ejus non fuisset.[7]

JUS JUSTINIANÆUM.

Hanc regulam nobis tradidit Justinianus, ut omnia quæ in
legitimam computantur conferenda sint, at non vice versâ.[1]

[4] L. 1. § 22. D. h. t.
[5] L. 2. § 3. D. h. t.
[6] L. 1. § 18. D. h. t.
[7] L. 1. § 19. D. h. t.
[1] L. 20. C. h. t.

Fallit tamen hæc regula in his quæ pater uni ex filiis mortis causâ reliquit. Hæc enim imputantur in legitimam, non tamen conferuntur, sed præcipua habentur.

Item circa ea quæ conferenda sunt, nec ne, jure justinianæo, observandum quod ea quæ hodie parentibus jure potestatis jam non acquiruntur, nec etiam conferendæ sint.[2]

Quomodo fiat collatio; tum quænam remedia ejus consequendæ causâ comparata sint.

Duobus modis fieri potest collatio, aut ipsâ re fit, id est inferendo bona eorumve pretium (cui etiam similis est remissio et compensatio ejus, quod ipsi debetur qui conferat), aut cautione, sive fidejussoribus, sive pignoribus interpositis.

Jubet autem prætor ita fieri collationem, ut recte caveatur, caveri autem per satisdationem oportere, Pomponius ait. An pignoribus caveri possit videamus? Et Pomponius, l. 79, ad ed. scripsit, et reis et pignoribus recte caveri de collatione, et ita Ulpianus quoque putat.[1]

Computatio autem ejus, quod conferendum est, ex mortis tempore defuncti fieri debet l. 6, C. h. t. Hoc pacto, ut, ex quo moram admisit hæres in restituendo, etiam usuræ et fructus reddendi sint conferendorum.

Filia, quæ soluto matrimonio dotem conferre debuit, moram collationi fecit: viri boni arbitratu cogetur usuras quoque dotis conferre; cum emancipatus frater etiam fructus conferat, et filia partis suæ fructus percipiat.[2]

Contra vero, et necessariarum impensarum deductio fiet.

---

[2] L. 21. C. h. t.

[1] L. 1. § 9.

[2] L. 5. § 1. D. de dot. coll.

Cum dos confertur, impensarum necessariarum fit detractio, cæterarum non. [3]

Quin utilium quoque, si quidem novissimam hujus juris indolem respexeris.

Cæterum tum actionibus compelletur hæres ad conferendum, tum exceptionibus. Actionibus cohæredes utuntur his : familiæ erciscundæ, tum iis, quæ ex cautione oriuntur, nonnunquam etiam extraordinariâ persecutione.

Divus Pius Ulpio Adriano rescripsit, etiam filiam, quæ petierit, aut non petierit bonorum possessionem, si modo se bonis paternis misceat, ad collationem dotis per arbitrum familiæ erciscundæ posse compelli. [4]

Si soror tua in paternorum bonorum divisione te fefellit, nec dotem quam acceperat a patre vestro intestato defuncto contulit : præses provinciæ, examinatis partium allegationibus, cum bonis dotem confundi jubebit, et quod deducta ratione plus apud eam esse animadverterit tibi restitui jubebit. Item est, et si arbitrio dato divisio celebrata est. [5]

Stipulatio autem collationis tunc committitur, cum interpellatus cum aliquo spatio, quæ conferre potuit, non facit : maxime quum boni viri arbitratu collationem fieri, edicto prætoris insertum est. [6]

Sive ergo in totum collatio facta non est, sive in partem facta, locum habebit hæc stipulatio. [7]

Et sive quis non conferat ex hâc stipulatione, sive dolo fecerit,

[3] L. 1. § 5. D. de dot. coll.
[4] L. 1. pr. D. de dot. coll.
[5] L. 8. C. h. t.
[6] L. 5. § 1. D. h. t.
[7] L. 5. § 2. D. h. t.

quominus conferat; quanti ea res erit, in tantam pecuniam condemnabitur.[8]

Emancipatus præteritus, si, dum deliberat, caverit de bonorum collatione, nec bonorum possessionem petierit; agente fratre ex stipulatu, ipso jure tutus erit, sed et si pecuniam contulerit, condictione eam repetet. Omissâ enim bonorum possessione, incipit, pecunia sine causâ esse apud hæredem.[9]

Hæc de cautione, et iis quæ ad eam pertinent sufficiant.

Quamvis autem edictum prætoris de cautione loquatur, tamen etiam re posse fieri collationem Pomponius, l. 79. ad ed. scripsit, aut enim re (inquit) aut cautione facienda collatio est. Igitur dividat, inquit, bona sua cum fratribus, et quamvis non caveat, satisfacit edicto; sed et si quædam dividat, de quibusdam caveat; æque dicemus eum satisfecisse. Sed quum possint esse quædam in occulto, non satis confert qui non cavit, quamvis dividat. Si igitur constet inter partes quid sit in bonis emancipati, sufficiens collatio est divisio: si non constet, sed dicantur quædam non esse in commune redacta, tunc propter incertum cautio erit interponenda.[10]

Sed et si tantum forte in bonis paternis emancipatus remittat, quantum ex collatione suus habere debet, dicendum est emancipatum satis contulisse videri. Idem et si nomen paterni debitoris delegaverit, vel fundum remve aliam dederit, proportione bonorum quæ conferre debuit.[11]

Collatio autem ita facienda est, ut, qui sua confert, æs alienum debeat deducere, hoc est quod ait Paulus: illud autem

[8] L. 5. § 3. D. h. t.
[9] L. 3. § 5. D. h. t.
[10] L. 1. § 11. D. h. t.
[11] L. 1. § 12. D. h. t.

intelligendum est, filium in bonis habere, quod deducto ære alieno superest.

Sed si sub conditione debeat, non statim id deducere debebit sed id quoque conferre. Contra autem caveri ei oportebit ab eo qui in potestate est, ut existente conditione defendatur pro eâ parte quam contulit.[12]

Ære autem alieno deducto, id quod superest, emancipatus in viriles distribuere debet inter se ipsum et eos quibus conferre tenetur. Cæteri liberi quibus non confert, non computantur.

Igitur portiones collationum ita erunt faciendæ: ut puta, duo sunt filii in potestate, unus emancipatus habens trecenta; ducenta fratribus confert, sibi centum, facit enim eis partem, quamvis is sit cui conferri non solet. Quod si sunt duo filii emancipati habentes trecenta, et duo in potestate, æque dicendum est singulos singulis qui sunt in potestate centena conferre, centena retinere; sed ipsos invicem nihil conferre. Dotis quoque collatio in eumdem modum fiet, ut quicumque confert, etiam suam personam numeret in partibus faciendis.[13]

Similiter, si tres emancipati, duo in potestate sint: Gaius tertias conferendas putat: ut emancipati quia invicem non conferunt, unius loco sint. Nec indignari eos oportere, si plus conferant et minus accipiant; quia in potestate eorum fuerit bonorum possessionem omittere. Julianus quoque Cassii sententiam sequitur.[14]

Ita enim ille Julianus: Quoties contra tabulas bonorum possessio datur, emancipati bona sua conferre debent his solis qui in potestate patris fuerint. Hoc quemadmodum expediri oporteat, quæri solet? nam si bona a patre relicta; et emancipato-

<hr>

[12] L. 2. § 1. D. h. t.
[13] L. 1. § 24. D. h. t.
[14] L. 2. § 5. D. h. t.

rum in medium conferantur, et ita viriles partes sumantur
eveniet ut et emancipatis quæque collatio ab ipsis facta pro-
sit. Videamus ergo, ne commodissimum sit, emancipatos quartam partem ex bonis paternis ferre, ex suis tertiam? quod
dico, exémplo manifestius fiet. Ponamus patrem quadraginta
reliquisse, et duos in potestate filios; duos emancipatos ex quibus alterum centum, alterum sexaginta in bonis habere : is qui
centum habebit, centum triginta tria et trientem feret; is vero,
qui sexaginta contulerit, centum viginti; atque ita eveniet,
ut collationis emolumentum ad solos, qui in potestate remanse-
rint, perveniat.[15]

Illud notandum est quod, si nepotes in locum filii successe-
runt, una portio iisconferri debet, ut bonorum possessionis unam
partem habeant. Sed et ipsi ita conferre debent, quasi omnes
unus essent.[16]

Nepotibus ex uno filio unam portionem conferri, docet pari-
ter Ulpianus:

Si sit filius in potestate, alius emancipatus, ex defuncto unus
nepos in potestate, alius nepos emancipatus: eleganter Scævola
tractat, patruus emancipatus quantum nepotibus, quantum
fratri suo conferat? et ait posse dici, tres eum partes facere; unam
sibi, unam fratri, unam istis collaturum : quamvis hi minus,
quam patruus ex hæreditate avi concurrente patre sint habituri,
quæ sententia vera est.[17]

Vice versâ, plures nepotes ex uno filio conferre, quasi unus
essent, ita docet Paulus : Si duo nepotes ex filio mortuo emancipati bonorum possessionem avi petant; utrum dimidias, an
quartas patruo conferre debeant, quæritur? et verius est semis-

---

[15] L. 3. § 2. D. h. t.
[16] L. 7. D. h. t.
[17] L. 1. § 16. D. de conj. cum emane. lib. ejus.

sem conferre eos oportere; quia et si vivo avo, quum in potestate ejus essent, ducenta puta acquisissent; centum filius, centum duo fratres per hæreditatem avi haberent. [18]

Diximus emancipati bona sic conferri debere, ut inter ipsum et eos quibus illa confert, in viriles distribuantur. Evenire autem eo modo potest, ut, si emancipatus veniat ad duas hæreditates patris et avi, nihil ex bonis propriis retineat; ut in specie sequenti docet idem Paulus : Si ex emancipato filio nepos emancipatus, mortuo patre simul et avo, bonorum possessionem utriusque acceperit, quum uterque eorum suum hæredem reliquerit. Eo modo explicari collatio potest, ut si, verbi gratià, centum in bonis habuit, et patruo quinquaginta, et fratri quinquaginta conferre debet. Hoc enim ratio fecit, sive personas, sive portiones numeremus. [19]

Jam vero quod diximus de collatione inter emancipatum et eos quibus conferre tenetur in verbis faciendâ, tunc obtinet, cum hi quibus confert, remotâ bonorum possessione ad quam veniunt, assem hæreditatis ex jure civili obtinuissent. Quid si suus hæres cui confertur, hæres scriptus fuisset cum extraneis; eamdem duntaxat partem ex propriis bonis ipsi emancipatus conferet, quam ei per bonorum possessionem abstulit in paternis.

Si ex dodrante fuit institutus filius qui erat in potestate, extraneus ex quadrante, emancipatum accipientem contra tabulas, pro quadrante tantum bona sua collaturum Julianus ait; quia solum quadrantem fratri abstulit. Argumentum pro hâc sententiâ affert Pomponius, quod filius emancipatus nepotibus ex se natis solis conferre cogitur.

[18] L. 2. § 7. D. h. t.
[19] L. 2. § 6. D. h. t.

Exceptionum hæc est vis, ut donec aut collatio fiat, aut idonee caveatur, denegentur hæredi actiones hæreditariæ; qua tamen re non nihil etiam interest, utrum per contumaciam non caveat hæres, an eo, quod idoneum nequeat exhibere cautionem.

Si frater cavere non possit, curator portionis ejus constituitur, apud quem refecta pecunia collocetur: ut tunc demum recipiat quod redactum est, cum bona propria contulerit. Quod si per contumaciam actiones denegatæ sint, oblata postea cautione recipit pristinum jus.

Si, cum duobus conferre deberet, alteri contulerit, alteri non, vel cum cavet, vel cum dividit, videndum est, utrum sextantis tantum ei auferatur emolumentum, an vero trientis totius detrahi debeat? Et puto si quidem per contumaciam non caveat, totius trientis ei denegandas actiones: nec videtur cavisse, qui non omnibus cavit. Quod si per inopiam, sextantis tantum denegandas: sic tamen ut possit supplere cautionem vel collatione, vel cæteris modis, quibus supra diximus; aut curator constituatur, rem ei salvam facturus, haberi enim debet ratio ejus, qui non per contumaciam collationem non implet.

DROIT CIVIL FRANÇAIS.

DES RAPPORTS.

SECTION PREMIÈRE.

§ 1. *Historique des rapports.*

En droit romain, les enfans émancipés étaient exclus de l'hérédité paternelle.

L'édit du prêteur les appelle à la succession de leur père, conjointement avec ceux qui se trouvent en puissance au moment du décès, et ne leur impose qu'une condition : celle d'apporter à la masse héréditaire les biens personnels qu'ils auraient acquis à la faveur de l'émancipation. Voilà la *collatio.*

Ce premier pas fait, la collation prétorienne va toujours prenant de l'extension, et la distinction entre les enfans émancipés et les non émancipés, toujours s'affaiblissant jusqu'à s'effacer tout à fait. Ainsi l'idée d'un *apport* à faire par les enfans émancipés conduit à celle d'un *rapport* à effectuer par les enfans avantagés. On astreint les enfans restés en puissance à la collation de la dot et de la donation *propter nuptias* [1]; mais on dispense les enfans émancipés de la collation de biens adventifs. Enfin

---

[1] L. 17 et 21. C. h. tit.

un dernier changement est apporté par Justinien dans l'état
du Droit; il soumet indistinctement tous les enfans et descendans, héritiers institués ou héritiers *ab intestat*, à moins d'une
dispense expresse accordée par le défunt, à la nécessité de la
collation, rejetant ainsi la dispense présumée de rapport précé-
demment admise dans les successions testamentaires, par ce motif,
que le silence du testament pouvait aussi bien être le résultat
d'un oubli, d'une préoccupation du testateur que d'une intention virtuellement exprimée, et que dès qu'il y a place au doute,
le principe de l'égalité doit l'emporter. [2]

L'obligation de la collation fut cependant enfermée dans de
certaines limites. Ainsi elle n'est admise que dans les successions
déférées à des descendans, elle cesse dans tous les cas, par la
renonciation du descendant avantagé à l'hérédité[3] et ne fait
point obstacle à ce que les legs laissés par le défunt à des héritiers
institués, ou même à des héritiers *ab intestat*, soient toujours
considérés comme des *prælegs*. [4]

Ces principes du Droit romain furent ceux des pays de Droit
écrit.

Les dispositions des coutumes sur la matière du rapport sont
nombreuses, diverses et contradictoires; il en est qui rejettent indéfiniment le rapport, il en est qui ne l'admettent qu'avec
certaines restrictions, il en est enfin, et c'est le plus grand
nombre, qui acceptent le rapport comme de Droit commun, et
lui donnent même une extension que la *collatio* n'eut jamais
en Droit romain.

Malgré cette variété infinie, cette contradiction dans les cou-

[2] Novelle 18. chap. 6. cpr. l. 1. C. h. t.

[3] L. 25. C. fam. erc. (3, 36), l. ult. D. de dot. coll. (37, 7).

[4] L. 39. § 1. D. fam. ercisc. (10, 2), l. 1. § 19. D. hoc. tit. l. 4, 10
et 16, C. hoc. tit.

tumes, on peut résumer, à quelques exceptions près, le Droit
commun de la France coutumière dans les propositions suivantes :

Obligation pour les descendans, de rapporter à la succession
de leurs ascendans les dons entre - vifs qu'ils tiennent de la
libéralité du défunt, et défense de réclamer les legs qu'il leur
a faits. [5]

Dispense pour les collatéraux, de rapporter les dons entre-vif
qu'ils ont reçus du défunt,[6] et défense de réclamer les legs qu'i
leur a faits.

Cette distinction entre les dons entre-vifs et les legs était le
résultat de l'incompatibilité que la majeure partie des coutum es
avaient reconnue entre la qualité de légataire et la qua lité
d'héritier, tant en ligne directe qu'en ligne collatérale , et
qu'elles n'étendaient pas à la qualité de donataire en ligne collatérale.[7] Elle est nettement indiquée par Lebrun :

«Le rapport est pour les donations entre-vifs, et l'incompati-
«bilité des qualités concerne les legs. Celle-ci est pour suppléer
«à l'autre, et l'on se sert de l'incompatibilité des qualités dans
«les cas ou à la vérité le rapport n'est pas ordonné, mais où il
«n'est pas contraire à l'esprit de la coutume. » «En défendant
«les prælegs on voulait, autant que possible, empêcher que les
«propres ne changeassent de ligne » (l. III, ch. VII. n° 1).

La loi du rapport, en ce qui concerne les donations entre-
vifs, est évidemment empruntée au Droit romain , mais la loi
d'incompatibilité, en ce qui concerne les legs, entièrement d'origine coutumière, ne peut être comprise, qu'en la rattachant à
la copropriété de famille.

Cependant, certaines coutumes, les coutumes d'égalité, dé-

<hr>

[5] Coutume de Paris, art. 303 et 304.

[6] Coutume de Paris, art. 301.

[7] Coutume de Paris, art. 300 et 301.

fendaient d'avantager un héritier présomptif d'une manière quelconque.

Il paraîtrait que les lois du rapport et de l'incompatibilité étaient les mêmes en ligne directe ascendante qu'en ligne directe descendante. [8]

Lebrun est d'un sentiment contraire :

« Le petit-fils peut faire un prælegs de ses propres au profit de « l'un de ses aïeuls, parce que la loi leur destine ces propres « comme simples acquets du fils, à l'effet de les consoler d'une « double douleur : et nous avons incliné à dire qu'il peut y avoir « prælegs des meubles et acquets entre ascendans » (l. III. ch. VII. n° 7).

Au surplus l'obligation du rapport restreinte aux successions *ab intestat*, ne fut jamais étendue aux successions testamentaires.

En Droit romain, les étrangers héritiers testamentaires, même institués avec des enfans en puissance, ne furent jamais obligés au rapport. Pour exempter les étrangers du rapport, on se fondait sur cette idée, qu'il arrive rarement qu'un père conçoive une telle aversion pour ses enfans, qu'il les dépouille pour enrichir des étrangers.

Mais la volonté de l'homme ne pouvait-elle pas modifier ces règles établies par la loi à cet égard. On distinguait les coutumes en trois classes.

Les coutumes dites d'*égalité*, qui avaient le plus fidèlement conservé les traditions de l'ancien Droit coutumier, ne permettent pas que les personnes obligées au rapport puissent en être dispensées par l'auteur de la disposition, ou s'en affranchir par la renonciation à l'hérédité.

---

[8] Poquet de la Livonière, règles du Droit français, livr. III. ch. 1, art. 10. Loisel, Institutes coutumières, liv. II, tit. IV., reg. 121. Ferrière, sur l'art. 300 de la Coutume de Paris.

La seconde classe, la plus nombreuse, laisse au successible la faculté de se soustraire à l'obligation de rapporter, en renonçant à la succession, mais refuse au disposant le droit de dispenser du rapport le donataire ou le légataire. A cette classe appartiennent les coutumes de Paris et d'Orléans.

Les coutumes dites de *préciput*, en petit nombre, formaient la troisième classe. Elles autorisent le successible à se soustraire à l'obligation du rapport par sa renonciation à la succession, et le disposant à le dispenser du rapport.

La loi du 17 nivôse an II sanctionna les principes admis dans les coutumes d'égalité. Les articles 9 et 16 établirent une incompatibilité absolue entre la qualité d'héritier et celle de donataire ou de légataire.

La loi du 4 germinal an VIII abroge par son article 5 cette incompatibilité, et permet de disposer en faveur de tout successible, tant en ligne directe qu'en ligne collatérale, de la même quotité de biens dont on peut disposer en faveur d'un étranger.

L'esprit qui avait dicté l'article 5 de la loi du 4 germinal an VIII dicta les dispositions du Code civil. Les rédacteurs du Code ont rejeté le principe d'incompatibilité établi par les coutumes de la première et de la seconde classe, et se sont rapprochés des règles admises par les lois romaines dans leur dernier état et par les coutumes de *préciput*.

Un seul principe paraît dominer toutes les dispositions de la loi, le maintien de l'égalité entre les cohéritiers. Cependant ce principe fléchit devant une intention contraire manifestée par le défunt; dès lors n'est-on pas en droit de dire que subordonner le principe de l'égalité à maintenir entre cohéritiers à une non-manifestation d'une intention contraire par le défunt, c'est effacer le principe et ne faire en définitive reposer l'obligation du rapport que sur la volonté du disposant?

Donc les libéralités faites sans dispense de rapport sont légalement présumées faites sous une condition tacite du rapport. Cette présomption est vraie quant aux dons entre-vifs, mais l'est-elle quant aux legs.

Il nous semble que du moment où le Code repoussait le principe de l'incompatibilité admise par le Droit coutumier entre la qualité d'héritier et celle de légataire, pour s'attacher exclusivement à l'intention présumée du défunt, il devait, avec le Droit romain, reconnaître que les legs faits à un successible emportent avec eux une présomption de préciput.

Quelle peut avoir été l'intention du testateur en faisant un legs à un de ses héritiers présomptifs? Evidemment de dispenser l'héritier du rapport, de lui donner la chose hors part. Que peut-on supposer avec raison quand il s'agit d'une libéralité entre-vifs? Que le donateur a voulu seulement faire un avancement d'hoirie.

Mais un legs ne peut être considéré comme un avancement d'hoirie, et cependant le testateur a voulu faire quelque chose; donner l'objet par préciput, ou attribuer au légataire le droit de le demander dans le cas où il lui conviendrait de répudier l'hérédité; or, cette dernière interprétation des sentiments du défunt est-elle admissible?

§ 2. *Notion du rapport.*

Stricto sensu, le mot *rapport* ne désigne que la réunion à la masse héréditaire des objets dont le défunt a disposé, par actes entre-vifs; au profit de ses héritiers *ab intestat*. Ainsi, dans son acception propre, il ne comprend pas les legs; car on ne peut rapporter que ce qu'on a reçu, ce qui suppose un don entre-vifs; or les objets légués sont plutôt retenus dans l'hérédité où ils se trouvent au moment du décès, qu'ils ne lui sont réunis.

Lato sensu, le rapport s'entend tout à la fois de la défense faite

aux héritiers légataires de réclamer les objets à eux légués, et
de l'obligation imposée aux héritiers donataires de remettre en
commun les objets à eux donnés.

Le Code a indiqué cette différence entre les dons et les legs
dans les articles 843 et 845. Ce qui ne l'a pas empêché d'appliquer
indifféremment le mot *rapport* aux legs et aux dons entre-vifs,
de qualifier de *rapport* même le remboursement à la masse
héréditaire des sommes dont l'héritier se trouve débiteur envers
l'hérédité.

De fait, les règles sur le rapport proprement dit sont également applicables au payement ou à l'imputation des dettes qu'un
héritier a contractées envers le défunt.

Ainsi, les sommes dues au défunt par l'un des cohéritiers pro-
duisent des intérêts de plein droit, à partir de l'ouverture de la
succession, encore bien que, d'après le titre constitutif de
la créance, ces sommes fussent non productives d'intérêts,
(article 856).[9]

Ainsi, les créances du défunt contre l'un de ses successibles
deviennent exigibles dès l'ouverture de l'hérédité, encore bien
que les créances fussent ajournées, encore qu'il s'agit d'une rente,
c'est-à-dire d'un capital dont le créancier n'est point admis à
demander le remboursement.

Ainsi enfin, c'est en suivant les prescriptions de l'article 869,
que se fait la restitution des sommes dues par l'un ou l'autre des
cohéritiers à la succession; de sorte que les cohéritiers du débiteur sont autorisés à se faire payer au moyen de prélèvements
sur les biens héréditaires, avant que ses autres créanciers aient
aucun droit à prétendre sur ces biens. Ce droit de préférence
est facile à justifier par cette considération que, pour que
l'égalité entre les copartageans soit maintenue, il faut que

---

[9] Civ. cass., 2 février 1819; Sir., XIX, 1, 267.

toute somme dont l'héritier est devenu le débiteur envers le défunt soit considérée comme lui ayant été donnée en avancement d'hoirie; dès-lors, à défaut de la restitution effective de cette somme par l'héritier, celui-ci doit prendre d'autant moins dans l'hérédité. Cette manière de voir était aussi celle des anciens auteurs coutumiers, et l'article 829, en soumettant chaque héritier à l'obligation de rapporter non-seulement les dons qui lui ont été faits, mais encore les sommes dont il est débiteur, soit envers le défunt, soit envers son hérédité, n'a eu d'autre but que de la sanctionner.

Mais il faut se garder de faire à ce rapport l'application des articles 845 et 857.

Ainsi, la renonciation à la succession, par le cohéritier débiteur du défunt, ne le soustrairait pas à l'obligation de restituer les sommes par lui dues, et les créanciers héréditaires et légataires peuvent en poursuivre la restitution tout aussi bien que les autres héritiers.

La diminution proportionnelle ou l'extinction intégrale des legs, nécessaire quelquefois soit pour satisfaire les créanciers héréditaires, soit pour parfaire la réserve des héritiers qui y ont droit, n'est pas non plus le rapport proprement dit. En effet, le successible légataire, sans dispense ou même avec dispense de rapport, ne peut, pas plus que tout autre légataire, se prévaloir soit de l'article 857, soit de l'article 845, pour réclamer, le bénéfice d'inventaire aidant, le payement de son legs au détriment des créanciers héréditaires. Enfin, si la quotité disponible avait été dépassée par les dispositions testamentaires du défunt, le successible légataire ne pourrait invoquer un droit de préférence sur les légataires étrangers, ni échapper à la réduction proportionnelle établie par l'article 926.

On a dit que l'article 857 devait s'entendre uniquement des dons entre-vifs et non des legs. La généralité des termes de l'article 857 repousse cette distinction. Ensuite il faudrait admettre cette conséquence inadmissible : que l'article 845, parlant d'une manière expresse non - seulement des dons entre-vifs, mais encore des legs, si on considère la défense faite à l'héritier légataire de réclamer le legs dont il a été gratifié, avant que les créanciers héréditaires n'aient été complètement satisfaits, comme prenant sa source dans une obligation de rapport, cette défense doit nécessairement cesser lorsque le legs a été fait avec dispense de rapport.

D'après la nature même des choses une obligation de rapport ne pourrait exister que de cohéritier à cohéritier, et si les créanciers héréditaires ont droit à un paiement intégral avant toute délivrance de legs fait à un héritier, c'est qu'il est une nécessité légale qui pèse sur tous les légataires successibles ou étrangers, soumis ou non soumis au rapport, nécessité qui n'est qu'une application de la règle : *nemo liberalis nisi liberatus.*

Le droit d'exiger le rapport et le droit de demander la réduction des legs et des donations entre-vifs qui excèdent la quotité disponible, sont deux droits entièrement distincts, entre lesquels il n'est pas de confusion possible. Le premier de ces droits appartient à tous les héritiers indistinctement, et ils en jouissent les uns contre les autres ; le second appartient exclusivement aux héritiers à réserve et ils ne l'exercent que contre les légataires ou les donataires. Cependant les articles 866 et 918 se servent du terme *rapport* pour désigner la réduction, pour tout ce qui excède la quotité disponible, d'une donation faite à un successible avec dispense de rapport. Cette réduction, dans le cas où le donataire accepte la succession, constitue une obligation de cohéritier à cohéritier, et profite au donataire lui-même jusqu'à concurrence de sa part héréditaire ; on conçoit dès-lors que le Code se soit servi de cette qualification en raison de l'affinité qu'elle présente avec un véritable rapport.

En définitive, il n'y a de véritable rapport que la réunion à la masse héréditaire et la retenue dans cette masse des dons et legs faits à un successible.

PRINCIPE GÉNÉRAL DE LA MATIÈRE.

Le principe général qui domine la matière des rapports est celui-ci :

Toute disposition entre-vifs ou testamentaire au profit d'une personne venant à la succession légitime du disposant, doit, à moins toutefois que la disposition n'ait eu lieu *par préciput* ou *hors part*, être considérée comme *un don ou legs en avancement d'hoirie* (art. 843). Si la disposition n'a pas été faite avec dispense de rapport, le donataire ou le légataire ne peut conserver la donation ou réclamer le legs dont il a été gratifié qu'en renonçant à la succession *ab intestat* du disposant (art. 845).

L'obligation du rapport repose sur l'intention légalement présumée du disposant ; en effet, la loi laisse au donateur ou au testateur une pleine et entière liberté de dispenser le donataire ou le légataire de l'obligation du rapport [1] ; et ce n'est que dans l'absence de manifestation d'une volonté contraire qu'elle suppose que l'auteur d'une disposition entre-vifs ou testamentaire qui n'a été ni accompagnée, ni suivie d'une dispense de rapport, n'a pas voulu que le donataire ou le légataire pût tout à la fois conserver la donation ou réclamer le legs, et prétendre à une part héréditaire dans sa succession *ab intestat*.

Nous n'admettons donc pas que l'obligation du rapport repose sur ce principe, qu'il ne saurait être permis à l'un des communistes de s'enrichir aux dépens des autres.

[1] Nisi expresse designaverit se velle non fieri collationem. Nov. 128, cap. 6.

C'est, il est vrai, en rattachant l'obligation du rapport au système de la copropriété de famille, que la majeure partie des coutumes avait établi une incompatibilité plus ou moins absolue entre la qualité de successible ou d'héritier et celle de donataire ou de légataire; mais le Code a rejeté les idées du Droit coutumier à cet égard.

SECTION II.

§ 1er. *Des personnes soumises à l'obligation du rapport.*

Tout parent légitime, appelé par la loi à la succession *ab intestat* du donateur ou du testateur, et venant comme héritier prendre part à l'hérédité, est soumis à l'obligation du rapport.

Donc le rapport pèse sur tout successible, qu'il soit parent en ligne directe, ascendante ou descendante, ou en ligne collatérale [1] (que la ligne collatérale se trouve ou non en concours avec la ligne ascendante), qu'il accepte la succession purement et simplement ou sous bénéfice d'inventaire. Le bénéfice d'inventaire ne ressort ses effets qu'à l'égard des créanciers de la succession et des légataires du défunt, et ne peut en avoir à l'égard des héritiers entre eux. Il y a donc sous ce point de vue assimilation complète de l'héritier bénéficiaire avec l'héritier pur et simple. ·

Il importe peu que le successible ait été héritier présomptif lors de la donation ou qu'il ne le soit devenu que depuis, qu'il ait été héritier présomptif lors de la confection du testament ou qu'il ne le soit devenu que plus tard (art. 843 et 846). Il est

---

[1] Le rapport aurait lieu, bien que la donation eût été faite sous l'empire d'une coutume dispensant les collatéraux du rapport.

vrai que l'article 846 ne parle que des donataires, mais *est eadem ratio* d'en faire l'application aux légataires.

Il est également indifférent que le successible vienne à la succession de son propre chef ou par représentation.

Le rapport n'est dû que par les héritiers proprement dits, c'est-à-dire les parents légitimes du défunt qui recueillent, en vertu de la loi, tout ou partie de son hérédité (art. 857, cbn. 843).

Le rapport n'est donc pas obligatoire pour les enfans naturels.

Il est vrai que l'enfant naturel est tenu de laisser dans l'hérédité les legs qui lui ont été faits par le défunt et de rapporter, par voie d'*imputation* sur sa quote-part, tout ce qu'il a reçu de ce dernier par donation entre-vifs (art. 760). Mais en substituant le terme *imputer* aux expressions *rapporter en moins prenant*, les rédacteurs du Code n'ont eu d'autre but que de mettre la rédaction de l'article 760 en harmonie avec celle des articles 756 et 857 ; or, il résulte de la combinaison de ces deux articles que l'enfant naturel n'est pas soumis au rapport. En effet, il n'est pas *héritier*, et le rapport n'est dû que par le *cohéritier à son cohéritier*.

Au fond il n'existe pas de différence réelle entre l'imputation et le rapport en moins prenant, et elle est, en général, soumise aux mêmes règles que le rapport proprement dit. La nature de l'imputation, qui n'est autre chose qu'un rapport en moins prenant, l'assimilation que l'article 760 établit entre l'imputation et le rapport, justifient complètement cette proposition.

Ainsi, l'imputation se fait de tous les avantages sujets à rapport d'après les dispositions des articles 843 et suivants. Ainsi encore, la somme à imputer par l'enfant naturel doit être fictivement réunie à la masse héréditaire pour la fixation du montant de la quote-part à laquelle il a droit. Le système contraire doit être rejeté en raison des résultats absurdes auxquels il conduit et de son opposition formelle avec l'article 759. Enfin l'enfant naturel doit également les fruits et intérêts des objets dont il doit l'imputation à dater de l'ouverture de la succession. La cour de Pau[2] et la Cour de cassation[3] ont jugé le contraire. L'enfant naturel est devenu propriétaire incommutable de l'objet à lui donné, disent ces arrêts ; donc son droit de propriété n'a pas été résolu par l'ouverture de la succession, donc les fruits produits par cet objet doivent continuer à lui appartenir, même après cette époque. Mais, est-ce qu'un parent légitime successible du défunt ne devient pas propriétaire incommutable de la somme d'argent qui lui a été donnée par actes entre-vifs? est-ce que l'ouverture de la succession et le rapport en moins prenant, auquel il est soumis, ont pour effet de résoudre son droit de propriété? et cependant les intérêts de la somme à rapporter en sont-ils moins dûs? pourquoi en serait-il autrement en matière d'imputation?

L'objet donné, fût-il un immeuble, l'imputation que l'enfant naturel est tenu de subir ne constitue jamais qu'un rapport en moins prenant. C'est une première exception à la règle que l'imputation est soumise aux mêmes règles que le rapport proprement dit. Une seconde exception aux principes du rapport est que les héritiers, descendans légitimes de l'enfant naturel, sont tenus d'imputer tout ce que cet enfant a reçu du défunt, lors même qu'ils viendraient à la succession de ce dernier, de leur chef, et non par représentation de leur père. L'article 848 est inapplicable. L'esprit de l'article 759, combiné avec l'article 760, prouve, d'une part, que si l'enfant légitime vient à la succession de son propre chef, il n'y vient cependant que par l'in-

[2] 14 juillet 1827, Sir. XXVIII, , 73.
[3] 11 janvier 1831, Sir. XXXI, 1, 18.

termédiaire de son père, d'autre part, qu'il doit imputer sur ce qu'il a à prétendre, et ce qu'il a reçu, et ce qui a été donné à son auteur, ne pouvant y recueillir que ce qu'il y aurait recueilli lui-même.

Une dernière exception est : que l'enfant naturel ne pouvant rien recevoir par donation entre-vifs, ou par testament, au delà de la portion qui lui est attribuée par l'article 757 (art. 908), ne peut se soustraire à l'imputation, soit en se prévalant d'une dispense de rapport, soit en renonçant à la succession.

Question : Les descendans légitimes ou légitimés de l'enfant naturel peuvent-ils venir à la succession du père ou de la mère de leur auteur, de leur propre chef ?

On ne recueille une hérédité par représentation que si on eût été, à défaut d'héritiers ou de successeurs plus proches, en état de la recueillir de son propre chef. Ensuite l'induction que l'on a voulu tirer des mots en *cas de prédécès*, de l'article 759, est inexacte. Ils sont équivalents des expressions à *défaut de.*

Le rapport n'est obligatoire ni pour les légataires ni pour les donataires, même universels. Il peut y avoir lieu à réduction de la donation ou du legs, s'il y a eu excès dans les dispositions, mais la réduction n'est pas du tout le *rapport.*

Le rapport n'est même pas obligatoire pour l'héritier légitime appelé par la loi à la succession *ab intestat* du donateur ou du testateur. Il peut, par sa renonciation à l'hérédité du défunt, s'affranchir du rapport, et conserver ou réclamer, jusqu'à concurrence de la quotité disponible, les dons ou les legs qui lui auraient été faits, résulta-t-il de l'intention expresse ou légalement présumée du défunt, que ces dons ou ces legs ont été faits en avancement d'hoirie.

§ 2. *Des personnes qui sont en droit d'exiger le rapport.*

Tout parent légitime appelé par la loi à la succession *ab intestat* a le droit d'exiger le rapport (art. 843).

L'héritier bénéficiaire est soumis au rapport envers l'héritier pur et simple, et l'héritier pur et simple soumis au rapport enenvers l'héritier bénéficiaire (arg. de l'art. 843).

Le rapport ne se fait pas de ligne à ligne, de souche à souche, de branche à branche, le droit de réclamer le rapport compète individuellement à chaque héritier contre chacun de ses cohéritiers indistinctement. Qu'ils appartiennent à des lignes, à des souches, à des branches différentes, ils sont en droit d'exiger le rapport, *singuli a singulis.*

Le rapport n'est dû que par l'héritier *ab intestat*, il n'est dû qu'aux héritiers *ab intestat* (art. 857 et arg. de cet art.); donc nul n'a le droit au rapport, en son propre nom, s'il ne vient à la succession en qualité d'héritier *ab intestat.*

D'où il résulte :

Que les successibles qui ont renoncé à la succession *ab intestat*, ceux qui en ont été exclus pour cause d'indignité, ceux qui en ont été écartés par les dispositions testamentaires du défunt, ne peuvent demander le rapport.

Que tout étranger non successible, créancier du défunt, donataire ou légataire, même universel, ne peut en cette qualité demander le rapport, ou profiter du rapport effectué à la requête de ceux qui sont en droit de l'exiger; qu'il ne peut même pas demander la réduction des donations entre-vifs, ni en profiter (art. 921).

Ainsi, l'héritier bénéficiaire ne doit aucun compte aux créanciers du défunt et à ses légataires de la part à lui avenante dans les biens donnés entre-vifs dont il a effectué ou obtenu le rapport. Quant aux créanciers, il ne peut y avoir, en ce qui les concerne, aucune difficulté sérieuse, ils seront toujours écartés. Les biens donnés entre-vifs sont sortis du patrimoine du défunt; ils n'ont rien à y prétendre, leurs créances seraient-elles antérieures aux donations, sauf, s'ils ont une hypothèque sur les biens, l'exercice de l'action hypothécaire qui leur est accordée par les articles 2114 et 2166; sauf, si les donations avaient été faites en fraude de leur droits, l'exercice de l'action en nullité que leur donne l'article 1167. Mais tout cela n'est pas le rapport.

Si l'acceptation est pure et simple, les créanciers ont contre l'héritier donataire une action personnelle pour la part qu'il doit supporter dans les dettes, part semblable à celle dont il est saisi dans l'hérédité, et peuvent se venger sur sa part dans les biens rapportés; mais ce n'est pas là le rapport.

Si l'acceptation est bénéficiaire, ils ont une action contre l'héritier pour l'obliger à rendre compte, jusqu'à concurrence de l'actif de sa part dans la succession, dans quelle part n'entrent pas les biens qui lui ont été donnés entre-vifs. Ils ont enfin le bénéfice de l'article 873 et le privilége de l'article 2111. Mais encore dans tout cela il n'y a rien qui soit le rapport.

S'il n'existe qu'un seul héritier, et qu'il ait accepté bénéficiairement, nulle difficulté; s'il en est deux, dont l'un, bénéficiaire, doive le rapport à l'autre héritier pur et simple, qu'il s'agisse d'un rapport en moins prenant ou d'un rapport en nature, la part du débiteur du rapport dans l'objet à rapporter ne profite point aux créanciers. Leur gage s'accroît de l'augmentation du patrimoine du cosuccessible héritier pur et simple, mais il ne porte pas sur la part de l'héritier bénéficiaire.

Le rapport n'est pas dû aux créanciers si les deux héritiers ont accepté l'un et l'autre sous bénéfice d'inventaire, que l'un d'eux fut seul soumis au rapport ou qu'ils y fussent soumis l'un et l'autre, que le rapport dût se faire en nature ou en moins prenant. Et non-seulement le rapport n'est pas dû par l'héritier bénéficiaire aux créanciers du défunt, mais encore ils ne peuvent en profiter lorsqu'il a été effectué sur la demande d'un autre héritier bénéficiaire.

Si l'article 857 ne s'est pas aussi positivement expliqué sur le rapport, que l'article 921 sur la réduction des donations entre-vifs excessives, qui ne peut être obtenue que par l'héritier réservataire, c'est qu'il n'était pas venu à la pensée des rédacteurs du Code, que les difficultés que nous venons d'examiner pussent se présenter au sujet des rapports à succession. Le principe est absolument identique.

On s'est demandé si la disposition de l'article 857 ne devait pas être restreinte au légataire à titre particulier, aussi bien qu'au donataire, également à titre particulier, dont l'article a omis de faire mention, mais qui doit être mis sur la même ligne que le légataire.

A l'égard du légataire universel ou à titre universel, ainsi que du donataire universel, on ne saurait nier qu'ils ne soient sur la même ligne que l'héritier, qu'ils en exercent tous les droits, et que par conséquent toutes les actions qui appartiennent à l'héritier, leur appartiennent également. Il est également incontestable que les donations entre-vifs sont irrévocables, et qu'elles ne peuvent être réduites que dans l'intérêt des héritiers à réserve. Ce qui ne s'oppose pas à ce qu'ils aient le droit d'exiger le rapport au moins fictif pour faire régler le montant de la quotité disponible qu'ils sont appelés à recueillir, ou la part qui leur est dévolue dans cette quotité (v. J. pal. Cass., 8 janv. 1834, et Paris, 20 févr. 1809).

Ainsi, dans le concours entre enfans et le conjoint survivant donataire contractuel du quart en propriété et du quart en usufruit, il faut pour calculer la quotité disponible, réunir, mais fictivement, la moitié d'acquêts de l'époux donateur à ses propres, et calculer sur cette masse la valeur des legs, sauf à n'en répéter l'émolument que sur les propres de l'époux donateur (v. J. pal. Bordeaux, 2 juill. 1840, t. 2. 1840, p. 446).

Ainsi, l'enfant légataire du préciput, alors même qu'il a renoncé à la succession, peut demander, pour la fixation de la quotité disponible que toutes les donations faites par avancement d'hoirie, soient fictivement réunies à la masse des biens existant dans l'hérédité au moment du décès (v. J. pal. Limoges, 21 juin 1838, t. 2. 1839, p. 576; Cassat., 2 mai 1838, t. 1er 1838, p. 577; 8 juill. 1826; 13 mai 1828; 8 janv. 1834; Paris, 30 janv. 1838, t. 1er 1838, p. 380).

Cependant l'avoué créancier de l'un des cohéritiers pour ses frais, ne peut exercer l'action en rapport contre les cohéritiers de son débiteur (v. J. pal. Toulouse, 16 janv. 1835).

Ainsi encore, la consistance d'un legs embrassant une portion de biens inférieure ou égale, à la quotité disponible, se calcule, si le défunt n'a manifesté une volonté contraire, sur les biens existant dans l'hérédité au moment du décès, abstraction faite des biens donnés entre-vifs et rapportés à la masse dans l'intérêt des personnes auxquelles le rapport est dû.

C'est avant tout à la volonté du défunt, telle qu'il l'a manifestée dans son testament, qu'il faut s'en rapporter pour savoir quels sont les biens sur lesquels doit être calculé le legs d'une portion de biens inférieure à la quotité disponible. La question est donc une question de fait. Le défunt a-t-il dit : *Je lègue le quart de mes biens y compris ceux dont j'ai disposé par actes entre-vifs;* la volonté du défunt est clairement manifestée, elle doit être suivie, et les héritiers *ab intestat* ne pourront, en invoquant l'article 857, faire restreindre le legs au quart des biens existant dans l'hérédité. Le testateur a-t-il dit : *Je lègue le quart des biens que je laisserai à mon décès;* les termes même du testament s'opposent à ce que le légataire puisse, en se fondant sur l'article 922, étendre le legs au quart des biens donnés entre-vifs (Civ. cass., 27 mars 1822; Sir. xxii, 1, 231; Paris, 7 mars 1840; Sir. xl, 2, 425).

Mais le défunt peut s'être borné à dire : *je lègue le quart de mes biens,* ne faut-il pas dans l'absence de toute indication de nature à révéler la véritable pensée du disposant, recourir à l'intention légalement présumée du testateur, s'éclairer des dispositions légales propres à compléter ses dernières volontés, faire un choix entre les diverses dispositions de la loi qui présentent plus ou moins de connexité avec le point en litige, et dès lors la question n'est-elle pas plus une question de droit. qu'une question de fait? or, le legs ne dépassant pas les limites du disponible et le testateur n'ayant pas légué le disponible lui-même, l'article 922 devient étranger à la difficulté, tandis que l'article 857 nous en donne la solution.

Il y aurait lieu d'appliquer la même décision au cas où le défunt aurait légué une portion de biens égale dans son expression fractionnaire à la quotité disponible (Toulouse, 7 août 1820; Sir. xx, 2, 296; Civ. 47, 5 juill. 1825; Sir. xxvi, 1, 209).

Cependant s'il était constant que le testateur, en léguant une portion de biens égale à la quotité disponible, a voulu en réalité disposer du disponible lui-même, la solution serait toute différente (Req. rej., 8 janv. 1834; Sir. xxxiv, 1, 12).

Ces différentes propositions s'appliqueraient aux successibles eux-mêmes, s'ils voulaient exercer sur l'hérédité des droits qu'ils ne tiendraient pas de leur qualité d'héritiers *ab intestat.* Ainsi, l'héritier *ab intestat,* légataire par préciput d'une quotité de biens, inférieure ou égale à la quotité disponible, ne peut en qualité de légataire, profiter du rapport auquel, en qualité d'héritier, il oblige ses cohéritiers donataires en avancement d'hoirie, et soutenir que son legs porte tant sur les biens rapportés, que sur ceux qui appartenaient au testateur au moment de son décès. En effet, la réunion dans un même individu de diverses qualités n'en amène pas la confusion, et chacune de ces qualités le soumet aux règles particulières qui la régissent (Arrêt de la Cour royale de Caen, 20 avril 1814, confirmé par la Cour de cassation, 30 déc. 1816, Sir. xvii, 1, 153; Civ. cass., 27 mars 1822, Sir.xxiii, 1, 231; Agen, 10 juin, 23 nov. 1824; v. J. pal.).

Il n'est pas douteux que s'il a été fait une disposition avec dispense de rapport, au profit d'un étranger ou d'un successible, d'une portion de biens supérieure à la quotité disponible, les héritiers à réserve ne doivent en demander la réduction, en réunissant conformément à l'article 922, fictivement les biens donnés entre-vifs à la masse des biens existant dans l'hérédité au moment du décès. L'article 857 est inapplicable; il ne s'agit pas d'une demande en rapport formée par les donataires ou les légataires, mais d'une demande en réduction introduite par les héritiers à réserve, en invoquant l'article 922, dont ils ne peuvent scinder les dispositions. D'ailleurs le défunt, en dépassant la quotité disponible a clairement manifesté l'intention de donner au moins tout ce dont la loi lui permettait de disposer (22 juillet 1822, Bordeaux, Sir. xxii, 2, 301).

Enfin, on doit admettre que le donataire ou le légataire, successible ou étranger, de la quotité disponible elle-même, bien que privé du droit d'exiger le rapport effectif des libéralités en avancement d'hoirie, quoiqu'il n'ait à exercer les droits résultant de sa donation ou de son legs que sur les biens existant dans l'hérédité au moment de l'ouverture de la succession, peut cependant, pour fixer le montant de la donation ou du legs dont il a été gratifié, demander, d'après l'article 922, la réunion fictive des biens dont le défunt a disposé par actes entre-vifs, à la masse des biens existant dans l'hérédité.

Il n'est pas moins certain que l'époux donataire par contrat de mariage ou légataire d'une part d'enfant, le moins prenant, jouit pour faire déterminer le chiffre de sa donation ou de son legs, de la faculté de forcer au rapport fictif de tout don entre-vifs, fait par le défunt. S'il en était autrement, il serait facile au mari d'anéantir la donation faite à sa femme par des donations entre-vifs, ou par des legs à ses enfans (Paris, 9 juin 1836; v. J. pal.).

Mais comment calculer ici la quotité disponible? sera-ce d'après les dispositions de l'article 922, ou se conformera-t-on aux prescriptions de l'article 857?

Suivant nous, il n'est qu'une manière de calculer la quotité disponible, celle indiquée par l'article 922. Quand le disposant n'a pas dérogé aux dispositions de cet article, il s'y est tacitement référé; elles doivent donc servir de complément, pour déterminer l'étendue de la donation ou du legs de cette quotité. Dira-t-on que l'application de l'article 922 suppose une demande en réduction formée par les héritiers à réserve, qu'il ne s'agit pas ici de réduction, qu'aucune donation de valeur déterminée n'atteste qu'il y a eu excès, qu'on dispute seulement sur le *quantum* de ce qui a été donné par *prœciput*, et que la fixation de la mesure de ce don ne peut se faire dans le système de l'article 922, sans blesser les dispositions des articles 857 et 894. Oui, les termes de l'article 922 semblent indiquer que les rédacteurs du Code ont eu principalement en vue l'hypothèse où il s'agit d'une demande en réduction formée par des héritiers à réserve, mais sont-ils restrictifs? nous les croyons énonciatifs. Prenez ces termes dans un sens restreint et vous arriverez à cette singulière conséquence : qu'il existe deux quotités disponibles, l'une pour le cas où le défunt a dépassé les limites dans lesquelles est circonscrite la faculté de disposer; l'autre, pour le cas où il s'est renfermé dans ces limites. Se prévaudra-t-on de l'article 857? mais la position des légataires est toute différente. Le légataire de la quotité disponible ne demande pas la réunion

50

des biens donnés entre-vifs aux biens existant dans l'hérédité, en vertu des dispositions de la loi relatives au rapport, il la demande en invoquant la volonté du défunt et la corrélation intime et nécessaire des termes, au moyen desquels a été désigné l'objet légué, avec la définition que donne l'article 922 de ces termes. Il ne demande pas le rapport, il demande simplement que l'on calcule le don du disponible, qui lui a été fait par préciput sur tous les biens indistinctement,

Les auteurs se sont partagés, la jurisprudence a varié (Bruxelles, 13 juin 1810, Sir. xi, 2, 19; Toulouse, 27 juill. 1819, Sir. xxii, 2, 70; Agen, 24 févr. 1821, ont jugé dans le sens de l'opinion que nous avons soutenue. Angers, 5 août 1824, Sir. xxiv, 2, 310; Civ. rej., 30 déc. 1816, Sir. xvii, 1, 153; Agen, 10 juin 1824, Sir. xxiv, 2, 357; Civ. cass., 8 déc. 1824, Sir. xxv, 1, 134, ont jugé en sens contraire).

Dans cet état de choses, la Cour de cassation, appelée à décider la question, sections réunies, réforma par le fameux arrêt Saint-Arroman (Civ. rej., 8 juill. 1826, Sir. xxvi, 1, 313) la doctrine dans laquelle elle avait persisté jusque-là. Ainsi, cette question, qui donna si longtemps lieu aux plus graves dissidences, peut être considérée aujourd'hui comme définitivement résolue (Civ. cass., 13 mai 1828, Sir. xxviii, 1, 201; Civ. cass., 19 août 1829, Sir. xxx, 1, 101, ont maintenu cette jurisprudence).

Il est cependant une exception au principe dont nous venons de développer les nombreuses conséquences. La voici :

L'enfant naturel a le droit de réclamer des héritiers avec lesquels il se trouve en concours, le rapport des avantages qui leur ont été faits. Ce rapport est un rapport réel destiné à remplir l'enfant naturel du montant de sa quote-part, sur les biens à rapporter, s'il y a lieu; il est soumis aux mêmes règles que celui auquel les héritiers sont tenus les uns envers les autres.

L'article 857 n'est pas un obstacle à ce droit que nous reconnaissons à l'enfant naturel. La seconde disposition de cet article modifie le sens négativement absolu de la première disposition. D'ailleurs l'article 757 alloue en termes énergiquement positifs à l'enfant naturel une fraction de la portion héréditaire, qu'il aurait eue, s'il avait été légitime, tant dans les biens sujets à rapport, que dans ceux dont le défunt n'a pas disposé (Amiens, 26 nov. 1811, Sir. xii, 2, 411; Paris, 5 juin 1826, Sir. xxix, 2, 229).

Quoique le droit de demander un rapport en son propre nom, abstraction faite de l'enfant naturel, n'appartienne qu'à l'héritier en cette qualité, ce droit n'est cependant pas du nombre de ceux exclusivement attachés à la personne dans le sens de l'article 1169 (arg. de l'art. 788). Ainsi, les créanciers de l'héritier auquel le rapport est dû, sont admis à exercer, au nom de leur débiteur, le droit qui lui appartient à cet égard, droit qui présente un intérêt pécuniaire, actuellement appréciable en argent. Il importe peu, que l'héritier ait accepté la succession purement ou simplement, ou sous bénéfice d'inventaire, ou même qu'il y ait renoncé, pourvu que, dans ce dernier cas, les créanciers aient fait rétracter sa renonciation, conformément à l'article 788.

Ainsi, les créanciers héréditaires et les légataires peuvent aussi, lorsque l'héritier, auquel le rapport est dû, a accepté la succession purement et simplement, exercer leurs poursuites sur les biens qu'il a fait rapporter à la masse, et demander le rapport en son nom.

§ 3. *Des avantages sujets à rapport.*

Le rapport ne se fait qu'à la succession du donateur ou du testateur (art. 850).

Ainsi, les dispositions à titre gratuit, faites par la personne à la succession de laquelle le donataire ou le légataire se trouve appelé, sont seules soumises à l'obligation du rapport. Ainsi, le rapport n'est dû qu'au moment de l'ouverture de la succession. Enfin, la disposition à titre gratuit, faite conjointement par plusieurs personnes, est rapportée à la succession de chacune d'elles pour la part à raison de laquelle elle a contribué à cet acte de libéralité, et le rapport n'est dû que pour cette part. D'où il suit :

Que le rapport se fait pour moitié à chacune des deux successions paternelle et maternelle, lorsque le père ou la mère, sous quelque régime qu'ils soient mariés (art. 1438, al. 1, et 1544, al. 1), ont doté conjointement un enfant commun, sans déterminer la part pour laquelle ils entendent y contribuer, encore que leurs parts dans la communauté soient inégales (art. 1520), ou qu'ils aient constitué en dot des biens propres à l'un d'eux (art. 1438, al. 2 ; Bordeaux, 6 déc. 1833, Sir. xxxiv, 2, 243).

Que le rapport se fait pour moitié à chacune des deux successions paternelle et maternelle, lorsque la mère, mariée sous le régime de la communauté, a doté un enfant commun conjointement avec son mari, sans exprimer que la dot serait prise sur les biens communs, ou qu'elle n'entendait s'obliger qu'en qualité de commune en biens, encore bien qu'elle renonçât à la communauté (arg. a contr. art. 1439 ; Paris, 6 juillet 1813, Sir. xiv, 2, 116).

Que le rapport n'est dû qu'à la succession paternelle, lorsque le père seul a constitué la dot, lors même que le père a déclaré constituer la dot pour droits paternels et maternels, lors même que la mère a été présente au contrat (art. 1544, al. 2 ; arg. de cet art. et arg. a contr. art. 1439).

Que le rapport se fait à chacune des deux successions dans la proportion de la part de chacun d'eux dans la communauté, lorsque cette part étant inégale, ils ont déclaré que la dot serait acquittée par chacun d'eux dans la proportion de cette part. On suit également la convention lorsqu'ils ont constitué expressément pour des parts inégales.

Que le rapport n'est dû qu'à la succession paternelle, lorsque la dot a été constituée par le mari seul, à l'enfant commun, en effets de la communauté, et que la mère répudie la communauté. Il en serait ainsi, même en cas d'acceptation, si le père avait promis la dot en biens personnels (art. 1439).

Que le rapport n'est dû qu'à la succession maternelle, lorsque la constitution de dot a été faite par la femme seule, bien qu'avec l'autorisation du mari.

Enfin, que lorsque le survivant des père et mère a constitué une dot pour biens paternels et maternels, sans spécifier les portions, le rapport n'est dû à la succession du constituant que pour l'excédant de la dot sur les droits du futur époux aux biens du conjoint prédécédé (art. 1545 et arg. de cet art.).

Dans tous les cas, l'héritier est tenu de rapporter ce qu'il a personnellement reçu du défunt à titre gratuit. S'il vient par représentation, il doit en outre le rapport de ce que le représenté a personnellement reçu du défunt ; mais il ne doit pas le rapport des libéralités faites à des personnes qu'il ne représente pas dans la succession, quelqu'avantage qu'il en ait retiré (art. 847 à 849 et arg. de ces art.).

Si ces deux propositions sont vraies, il faut également en admettre les conséquences.

Ainsi, la renonciation à une hérédité déférée à deux lignes par des successibles appartenant à l'une de ces lignes, bien que profitant aux autres héritiers de cette ligne, ne met pas ces derniers dans l'obligation de rapporter les dons ou legs faits aux renonçans.

Ainsi, le père venant à la succession du donateur ou testateur, n'est pas tenu du rapport des dons et legs faits à son fils, lors même qu'il aurait recueilli dans l'hérédité de ce fils les choses formant l'objet de ces libéralités (art. 847).

Ainsi, le fils venant de son propre chef à la succession du donateur, ne doit pas le rapport du don fait à son père, encore bien qu'il ait recueilli l'objet donné dans l'hérédité de son père.

Ainsi, le fils venant, par représentation de son père, à la succession du donateur, rapporte les dons faits à son père, malgré sa renonciation à la succession paternelle (art. 848). Il doit également le rapport de tout ce qu'il a personnellement reçu : il en serait autrement s'il n'avait recueilli l'hérédité que par voie de *transmission*.

Ainsi, le petit-fils venant à la succession de son aïeul par représentation de son père, dont il a répudié l'hérédité, est même obligé au rapport des sommes que le défunt aurait prêtées à son fils (v. J. pal., Grenoble, 27 décembre 1832).

Le fils est donc tenu à un double rapport ; au rapport de ce qui lui a été donné à lui-même, et au rapport de ce qui a été donné à son père qu'il représente. Quoiqu'il ne vienne à la succession du donateur que par représentation, il est héritier ; il se trouve donc sous le principe général qui force tout héritier au rapport de ce qu'il a personnellement reçu. Quant aux dons faits au père, celui-ci n'est pas héritier, il est vrai, et la représentation est moins de la *personne*, qu'elle ne l'est de la *place et du degré*, mais enfin il y a représentation. Il n'y a plus lieu de distinguer entre le rapport de ce qui lui a été donné à lui-même et de ce qui a été donné à la personne qu'il représente, lorsque l'individu représenté est mort sans avoir accepté ni répudié la succession ouverte à son profit ; il y a, dans ce cas, représentation de la personne décédée, quant à sa personne et quant à ses droits.

Ainsi, l'époux successible ne doit pas le rapport des dons ou *legs* faits à son conjoint, alors même qu'il aurait retiré de ces dons, ou devrait retirer de ces legs un certain avantage, soit par l'effet du régime en communauté, des conventions matrimoniales, d'une donation entre-époux ou d'une disposition testamentaire (art. 849).

Ainsi, l'époux successible donataire est tenu de rapporter en totalité les dons qui lui ont été faits, bien que, par l'effet du régime sous lequel le mariage a été contracté, il n'en ait retiré aucun avantage, ou n'en ait profité que partiellement (art. 849).

Enfin, la disposition faite au profit de deux époux conjointement est rapportable pour moitié par le conjoint successible (art. 849).

Si le mari et la femme avaient été condamnés conjointement au rapport de la somme constituée en dot à la femme, celle-ci étant constituée débitrice personnelle de la somme sujette à rapport, le créancier du rapport pourrait, comme subrogé aux droits de la femme, demander, à son lieu et place et par préférence à elle-même, sa collocation sur les biens du mari (v. J. pal., Cass., 17 août 1841, t. 1ᵉʳ, 1842, p. 188)

Également, si une somme en deniers de communauté avait été donnée à l'un des successibles par le mari seul sans le concours de la femme, le donateur en ferait le rapport entier à la succession du donataire prédécédé, sauf à exiger sa récompense lors de la liquidation de la communauté (v. J. pal., 7 juillet 1835).

L'obligation du rapport s'étend à tout ce que les héritiers ont reçu à quelque titre que ce soit, non-seulement à ce qui leur a été donné directement, mais encore à tous les avantages indirects qu'ils ont retirés d'actes faits sans déguisement et sans l'intermédiaire de personnes interposées (art. 843).

Sont donc sujettes à rapport :

Toutes espèces de donations entre-vifs. Ainsi, les donations qui auraient eu lieu par contrat de mariage sont soumises au rapport (Grenoble, 4 févr. 1841, Sir. XLII, 2, 154). Ainsi, sont soumises au rapport les donations faites en rémunération de services ou sous certaines charges (arg. de l'art. 960).

Toutefois, les constitutions dotales ne sont pas soumises au rapport dans l'hypothèse exceptionnelle indiquée par l'article 1573. La fille dotée, qui a épousé un homme insolvable lors de la constitution de la dot, et n'ayant à cette époque ni métier ni profession qui pût lui tenir lieu de bien, n'est tenue, en cas de perte ou de dépréciation de sa dot, de rapporter à la succession de son père ou de sa mère que l'action qui lui reste contre le mari ou ses héritiers, à fin de restitution, et non la dot elle-même. Il en est ainsi, que la dot ait été constituée en meubles ou en immeubles, *lex non distinguit,* que la dot ait été constituée soit par le père, soit par la mère. En Droit romain, le père seul se trouvait tenu de doter, mais sous l'empire du Code, il n'existe aucun motif rationnel de distinguer entre le père et la mère, puisque le premier, pas plus que la seconde, n'est civilement obligé de doter ses enfans.

Mais si le mari n'est devenu insolvable que depuis la constitution de dot, ou bien si, à cette époque, il avait un métier ou une profession qui lui tenait lieu de bien, la perte ou la dépréciation de la dot est exclusivement à la charge de la femme (art. 1573).

Cet article est-il applicable à la fille mariée sous le régime de la communauté ou sous le régime exclusif de communauté, ou doit-on en restreindre l'application à la fille mariée sous le régime dotal?

Cette question, une des plus importantes dè la matière si abstraite des rapports, est, comme tant d'autres difficultés que cette matière a soulevées, vivement controversée et a divisé les meilleurs esprits.

On a dit que la disposition de cet article est uniquement fondée sur la négligence du père ou de la mère qui a constitué la dot, que dès lors le motif réel qui a dicté cette disposition a autant de force en faveur de la fille mariée sous le régime de la communauté ou sous le régime d'exclusion de communauté que pour la fille mariée sous le régime dotal. Sans doute, la loi eût dû être pour l'un comme pour l'autre, mais elle n'a pas fait de cette disposition un principe général. L'article 1573 a été tiré de la Novelle, 97, chap. vi, et de l'Authentique, *quod locum* (ad leg. 4, C. de collat. 6, 20). Or, les dispositions de cet Authentique n'ont jamais été reçues que dans les pays de Droit écrit. Les rédacteurs du Code n'ignoraient pas la controverse que cette question avait fait naître anciennement, et cependant ils ont placé l'article 1573 sous une rubrique spéciale. Peut-on manifester plus clairement l'intention de ne reproduire, qu'en faveur des habitudes de Droit écrit, une disposition qui fut toujours étrangère aux pays coutumiers.

La femme doit-elle le rapport de la dot quelconque qui lui a été constituée, même de l'argent comptant et des effets mobiliers?

Lacombe, au mot rapport à succession, sect. 2, n° 7, s'exprime ainsi sur la question : « Fille dotée d'une somme dissipée « par son mari n'est pas même reçue à rapporter l'action » (Arrêt du 30 avril 1605). Expilly, Coquille, Chopin, Dumoulin, Brodeau, ajoutent qu'il en était ainsi dans les parlemens de Droit écrit, où la fille mariée restait en la puissance de son père, et Brodeau nous dit qu'il en était encore ainsi dans les pays coutumiers où le mariage émancipait. Malgré ces opinions, nous décidons que, hors le cas où la fille est mariée sous le régime dotal, elle doit le rapport de la dot quelconque qui lui a été constituée, même de l'argent comptant et des effets mobiliers.

Toutefois encore, les donations onéreuses ou rémunératoires ne sont soumises au rapport que jusqu'à concurrence de la libéralité qu'elles renferment, et non pas rapportables pour le tout, sauf à tenir compte aux donataires de ce qui peut leur être légalement dû, soit pour les services qu'ils auraient rendus, soit pour les charges qu'ils auraient acquittées. En effet, l'immeuble formant l'objet d'une donation onéreuse ou rémunératoire, n'est rapporté en nature, qu'autant que le montant des services ou des charges est inférieur à la moitié de la valeur des immeubles donnés (arg. de l'art. 866).

Enfin, les donations avec réserve d'usufruit et les aliénations à fonds perdu ou à charge de rente viagère, faites au profit de successibles en ligne directe, sont dispensées du rapport (art. 918).

Cette dispense légale de rapport, implicitement admise par l'article 918, est une exception à la disposition qui soumet au rapport les legs aussi bien que les dons entre-vifs, exception dont il ne faut pas faire partager le bénéfice aux successibles en ligne collatérale, puisqu'une donation avec réserve d'usufruit, ou une aliénation à fonds perdu ou à charge de rente viagère, leur offre toujours un avantage certain, et que cependant ils n'ont droit à aucune réserve.

Mais on a dit : tout est disponible à l'égard des successibles en ligne collatérale ; leur interdire le droit de demander une imputation de l'avantage fait à un cosuccessible, sur ce disponible, et le rapport de l'excédant à la masse, est donc un non sens. Donc il n'est qu'un moyen de donner un sens à la disposition finale de l'article 918, celui de la considérer comme établissant en faveur de ces successibles une dispense de rapport.

Cela ne prouve qu'une chose : que la disposition finale de l'article 918 était, à la rigueur, inutile, qu'elle n'a été formulée que par excès de précaution. D'ailleurs, on ne saurait admettre que les expressions : *et l'excédant, s'il y en a, sera rapporté à la masse,* employées dans la première partie de l'article 918, pour qualifier l'effet d'une réduction à subir par un successible, pour parfaire la réserve de ses cohéritiers, aient dans la seconde partie une autre acception, et soient prises pour qualifier un rapport proprement dit.

Sont encore sujettes à rapport :

Les sommes que dans une intention de libéralité le défunt a déboursées pour établir l'un de ses successibles, par exemple, pour lui acheter un office, un fonds de commerce, un corps de bibliothèque, ou les instrumens nécessaires à une profession, les outils d'un métier, en un mot, tout frais d'établissement est sujet à rapport (art. 851).

Les sommes que le défunt a payées, *animo donandi*, en l'acquit d'un de ses successibles (art. 851).

Il faudrait cependant considérer comme affranchies du rapport, suivant les circonstances :

Les sommes que le défunt a déboursées pour l'acquittement de dettes contractées en minorité et au paiement desquelles le successible ne se trouvait pas légalement obligé. Ainsi, en général, les dettes dites, de *jeune homme,* que paie le père, *honoris causâ,* ne sont pas soumises au rapport. Cela dépend du moins beaucoup des circonstances et de l'intérêt qu'avait l'enfant à ce qu'elles fussent acquittées pour n'être pas humilié et déconsidéré, de l'âge qu'il avait lorsqu'il les a contractées, de l'importance de la somme, de la nature de la dette elle-même, de la fortune du père, etc.

Ainsi, les dettes usuraires acquittées par le père, qu'elles aient été contractées pendant la majorité ou la minorité du successible, ne sont pas rapportables. Ainsi, les dommages-intérêts payés par les père et mère, en raison d'un délit commis par un de leurs enfans dans un âge où il n'avait pas encore acquis le discernement nécessaire pour être responsable de ses actes, ne sont pas soumis au rapport (art. 1384).

Quant au prix du remplacement du successible au service militaire, si le père l'a payé, *animo donandi*, le fils en doit le rapport; si le père l'a payé, *animo credendi*, le fils doit en faire raison à la succession (Caen, 5 févr. 1811, Sir. xiii, 2, 337; Grenoble, 12 févr. 1816, Sir. xxii, 2, 295; Bourges, 21 févr. 1825, Sir. xxv, 2, 336; Bourges, 22 juill. 1829, Sir. xxix, 2, 3o3; Riom., 19 août 1829, Sir. xxx, 2, 214).

Au surplus, c'est avant tout une question d'appréciation de faits. Ainsi, si le remplacement avait été opéré dans un intérêt de famille, s'il avait eu lieu plutôt dans l'intérêt du défunt que du successible racheté, la dépense du remplacement ne serait pas sujette à rapport (Toulouse, 9 janv. 1835, Sir. xxxv, 2, 413; Douai, 20 févr. 1838, Sir. xxix, 2, 132).

Ainsi, le prix du remplacement n'est pas sujet à rapport, si la somme donnée est modique relativement à la fortune du père (v. J. pal. , 2 févr. 1822 et 30 juillet 1836, t. 2, 1837, p. 5o3).

Toutefois, si le père était le débiteur du fils, on peut présumer qu'il n'a fait qu'employer sa dette, et qu'ainsi le prix du remplacement ayant été payé à titre de prêt et non de libéralité, il y a eu compensation (v. J. pal. Lyon, 28 nov. 1839, t. 1er 1840, p. 167).

Sous l'ancienne jurisprudence la rançon du fils pris en guerre et racheté par le père, était rapportable.[1] La coutume de Rheims (art. 323) le décidait formellement. Cette décision doit être encore suivie aujourd'hui.

On devra également le rapport :

Des avantages résultant d'une remise de dette, ouvertement faite par le défunt à l'un de ses successibles.

Quid, d'une remise résultant d'un concordat après faillite?

Comme libéralité, une pareille remise n'est pas sujette à rap-

---

[1] Duparc Poulain, Principes du Droit, t. IV, p. 210.

port, mais elle le sera, comme avantage reçu du défunt, dont l'héritier a profité, de toute la partie de la dette qui n'aura pas été acquittée. Le concordat a bien pu libérer le successible de son engagement envers le défunt, jusqu'à concurrence de la remise. Mais il n'a pu l'affranchir de l'obligation du rapport vis-à-vis de ses cohéritiers (Bordeaux, 16 août 1827, Sir. xxvii, 2, 241; Paris, 8 mai 1833, Sir. xxxiii, 2, 514; Paris, 13 août 1839, Sir. xxxix, 2, 531).

On ne saurait dire que cette remise n'est pas une convention ordinaire à titre onéreux, puisqu'il n'y a pas de réhabilitation possible pour le failli, s'il ne justifie avoir soldé la partie de la dette qui lui a été remise avec les intérêts (art. 608 du Cod. de comm.).

Des avantages résultant de la démission gratuite donnée par le défunt en faveur de l'un de ses successibles d'un office susceptible de cession. Tels sont les offices désignés en l'article 91 de la loi du 28 avril 1816. L'ancien Droit avait consacré la vénalité des offices de judicature et de plusieurs autres charges. On les considérait même comme *immeubles* dans les mains des titulaires (Coutume de Paris, art. 95). Cette vénalité proscrite par les lois intermédiaires a été rétablie jusqu'à un certain point, pour les charges des avocats à la Cour de cassation, des notaires, des avoués, des greffiers, des huissiers, des agens de change, des courtiers et des commissaires-priseurs. En effet, l'article 91 de la loi précitée donne le droit à ces officiers ministériels de présenter des successeurs à la nomination du roi (Grenoble, 4 févr. 1837, Sir. xxxvii, 2, 15). Cependant la démission gratuite en faveur d'un successible d'un office, antérieurement à la loi qui l'a déclaré susceptible de cession, ne constituerait point un avantage sujet à rapport (Nîmes, 6 décembre 1838, Sir. xxxix, 2, 238).

Des avantages résultant de la renonciation d'un père à un

legs, à une hérédité, auxquels il était appelé conjointement avec l'un de ses enfans, ou même de préférence à cet enfant, de la renonciation d'une femme remariée à la communauté qui a eu lieu entre elle et son premier mari, pour avantager les enfans du premier mariage, ou à la communauté de son second mariage, pour en faire profiter les enfans du second lit, de la renonciation du père ou de la mère à un droit pécuniaire quelconque.

Il en serait autrement, s'il était clairement établi, que cette renonciation, bien qu'ayant en réalité tourné au profit de l'un des successibles, n'a cependant pas été faite par le défunt dans le but de gratifier ce successible.

Des avantages provenant ouvertement de contrats à titre onéreux, passés entre le défunt et l'un de ses successibles, à moins que la valeur n'en soit tellement minime, qu'elle exclue toute idée de libéralité, qu'on ne puisse y voir un avantage sujet à rapport, mais un simple bon marché dont le successible a dû pouvoir profiter aussi bien qu'un étranger.

Au surplus, il ne peut être question que des avantages résultant immédiatement des contrats eux-mêmes, et non pas de profits que le successible a pu retirer de conventions à titre onéreux passés avec le défunt, par suite de circonstances postérieures à la conclusion de ces conventions (art. 853).

Pareillement, les bénéfices que le successible a obtenus par le résultat d'une association avec le défunt, quelque probables ou même certains que fussent les bénéfices lors de la formation de cette association, sont dispensés du rapport. L'article 854 n'exige que deux conditions pour cette dispense :

Que l'association ait eu lieu *sans fraude*, et que les conditions en aient été réglées par un *acte authentique*.

Dirons-nous avec M. Toullier (IV, 474) que cette expression *sans fraude*, signifie *sans fraude aux dispositions légales qui règlent la capacité légale de disposer ou de recevoir à titre gratuit, et qui fixent la quotité disponible ;* ou admettrons-nous avec M. Duranton que cette expression veut dire *sans fraude à la loi qui veut l'égalité entre les héritiers?* Ni l'un, ni l'autre; nous repoussons l'interprétation du premier, parce qu'il n'y a rien de commun entre l'objet de l'article 854 et les dispositions de l'article 918. Nous n'admettons pas l'explication du second, parce qu'il était au pouvoir du défunt de détruire l'égalité entre ses héritiers, en avantageant l'un d'eux avec dispense de rapport, et qu'il ne peut y avoir *de fraude* à faire indirectement ce que la loi permet de faire directement. Nous pensons volontiers que l'article 854 ne s'est point inquiété d'une fraude à la loi du rapport, mais bien d'une fraude à la loi qui détermine les conditions requises pour l'existence ou la validité du contrat de société. C'est même pour prévenir d'autant mieux toute fraude de ce genre, que le dernier paragraphe de l'article 854 exige que toute association entre le défunt et l'un de ses successibles soit constatée par un acte authentique; en sorte que toute association qui n'aurait point été constatée par un acte authentique, tel que le veut la loi, serait, par cela même, légalement présumée frauduleuse, et cette présomption ne saurait être combattue par aucune preuve contraire.

Si le père et le fils vivent en commun, il n'en résulte pas nécessairement que les acquisitions faites par le fils doivent être réputées avoir été payées avec les deniers du père. C'est encore là une question de faits (v. J. pal. Toulouse, 15 décembre 1832, et Cass., 25 mars 1828 et 19 juin 1827).

Mais l'enfant ne pourrait être tenu de rapporter le bénéfice qu'il a pu faire à l'occasion de la succession par suite de l'exercice d'actions déterminées qu'il avait le droit d'intenter de son chef, par exemple, le bénéfice résultant de l'exercice du retrait successoral (v. J. pal. Montpellier, 25 février 1834).

Les sommes fournies par un père, soit pour procurer un établissement à l'un de ses fils, soit pour acquitter les dettes contractées par l'autre, ne constituent pas toujours un prêt que les enfans soient tenus de rembourser, même en renonçant à la succession de leur père; il peut en effet résulter des circonstances que le père ait eu l'intention de faire un don en avancement d'hoirie, par exemple, si, par son testament, il a astreint ses fils à faire, lors de l'ouverture de la succession, le rapport de ce qu'ils ont reçu (v. J. pal. Besançon, 5 juin 1810).

On ne devra pas le rapport :

Des présents d'usage, c'est-à-dire toute espèce de présents que l'usage commande ou autorise dans les différentes circonstances de la vie, tels que les cadeaux de noces; et même le don de bijoux, fait après mariage, peut, suivant les cas, être considéré comme présent donné à l'occasion du mariage (Req. rej., 6 juin 1834, Sir. xxxv, 1, 58; v. J. pal., Cass., 14 août 1833).

Des frais de nourriture, d'entretien, d'éducation, d'apprentissage, d'équipement et de noces (art. 852).

Les frais d'éducation comprennent l'achat des livres nécessaires aux études, toutes les dépenses faites pour l'obtention des différens grades universitaires, sans qu'il y ait lieu de distinguer entre le grade de licencié et celui de docteur, entre le doctorat en droit et le doctorat en médecine. Ce ne sont là que des degrés d'instruction; ils comprennent encore le coût des diplômes, les frais faits par un clerc de notaire pendant la durée de son stage.

L'article 852 est une exception à la règle posée par l'article 843, et non pas une application du principe établi par l'article 203. L'obligation pour les père et mère de nourrir, d'entretenir et d'instruire leurs enfans, pouvait bien résulter du mariage, en Droit romain, où le rapport n'avait lieu qu'en ligne directe descendante; mais les principes du Droit romain ne sont pas ceux du Code qui impose l'obligation du rapport à tous les héritiers sans distinction de lignes, et les affranchit indistinctement du rapport des objets mentionnés en l'article 852.

Il n'y a pas lieu de distinguer entre les frais que le défunt aurait acquittés en vertu d'une obligation légale, et ceux qu'il n'aurait acquittés que par pure libéralité.

Cette exception peut même être invoquée par les successibles qui auraient été en état de pourvoir, au moyen de leur fortune personnelle, aux frais énumérés en cet article.

Cependant, il faut la restreindre aux libéralités exercées par le défunt de son vivant; celles qu'il aurait faites pour subvenir après sa mort à l'une ou l'autre des dépenses indiquées en l'article 852, ne seraient pas affranchies du rapport.

Enfin, comme cette exception est exclusivement fondée sur l'intention présumée du défunt, l'application en cesse, s'il a manifesté une volonté contraire à la présomption de la loi. Par exemple, s'il avait donné un trousseau, non à titre de présent de noces, mais à titre d'avancement d'hoirie (Civ. cass., 11 juill. 1814, Sir. xiv, 1, 279).

Si le défunt avait fait des dépenses considérables pour l'éducation de l'un de ses enfans, il pourrait, pour rétablir l'égalité, ordonner un rapport en moins prenant ou même accorder aux autres enfans une indemnité, et il pourrait exprimer sa volonté à cet égard dans un acte quelconque, puisqu'il ne s'agit pas ici d'une libéralité. Il nous semble, à la vérité, que le défunt, en obligeant l'enfant à un rapport en moins prenant, fait profiter ses autres enfans du montant de ce rapport, que le montant de ce rapport ne doit pas attaquer la réserve de l'enfant soumis au rapport, et alors cette disposition ne saurait avoir lieu que par un acte de dernière volonté.

Cette exception admise par l'article 852, serait encore inapplicable à de prétendus présens d'usage, qui seraient au-dessus de la condition du défunt (Req. rej., 14 août 1833; Sir. xxxIII, 1, 769).

Il ne faudrait pas non plus en étendre l'application à des frais d'éducation ou autres, qui seraient en disproportion avec la fortune du défunt, et pour l'acquittement desquels il aurait été obligé d'entamer le fonds même de son patrimoine (Nancy, 20 janv. 1830, Sir. xxx, 2, 225). Il en serait autrement, s'il avait pris ces dépenses sur ses revenus, *lautius vixisset*, et surtout s'il les avait faites pour un mineur.

Cette modification à l'exception posée dans l'article 852, est dans l'esprit de la loi 47 : *D. de donat. inter virum et uxorem*, et de la loi pénult. Cod. *De collat.*, §. 1, on la trouve dans quelques coutumes, notamment dans celles de Vermandois et de Châlons. «Il faut, dit Coquille (quest. 188), que ces frais soient «modérés selon les facultés du père; car si le père étant de «moyennes facultés, voyant son fils de *bon et aigu entendement*, «propre à comprendre les sciences, se parforce de l'avancer et «fournisse pour lui de si grands frais, que vraisemblablement «son revenu ne puisse porter sans diminuer grandement son «bien, je crois que cet enfant, qui aura fait cette grande dé-«pense, sera tenu de rapporter ou précompter ce qu'il a dépensé «de plus que vraisemblablement les facultés ne portaient.»

On conçoit toutefois que les père et mère aient une certaine latitude à cet égard.

On ne devra pas le rapport :

Des fruits des choses sujettes à rapport. Ces fruits ne sont dûs qu'à compter du jour de l'ouverture de la succession (art. 856). Donc le donataire est dispensé de rapporter les fruits que, par analogie des règles admises en matière d'usufruit, on doit considérer comme ayant été recueillis avant cette époque (arg. de l'art. 856).

C'est encore là une exception à l'article 843, fondée sur la volonté présumée du donateur. C'est aussi une des conditions sous lesquelles la donation a été acceptée par le donataire. Il en résulte que le donateur ne peut soumettre unilatéralement le donataire à l'obligation du rapport.

Ainsi, sont affranchis du rapport :

Les arrérages de rentes dont le successible est le donataire, que ces rentes soient perpétuelles ou qu'elles ne soient que viagères, que ces rentes soient dues par un tiers au défunt, ou qu'il se soit lui-même engagé à les servir.

Les droits de l'héritier donataire, en ce qui concerne les fruits de l'objet donné, sont les mêmes que ceux d'un usufruitier. Le donataire en avancement d'hoirie d'une rente viagère a donc droit aux arrérages de la rente, échus avant l'ouverture de la succession et non simplement aux intérêts de ces arrérages (art. 588). Il y aurait identité de raison de décider encore ainsi, si l'usufruit seul d'une rente viagère avait été donné en avancement d'hoirie.

On a cependant soutenu, on a même jugé que le successible donataire de la rente constituée sur le donateur n'avait pas le droit de réclamer les arrérages échus et non perçus pendant la vie du défunt. Cette distinction arbitraire, fâcheuse pour les donateurs eux-mêmes, puisque les donataires leur tiendraient rigueur pour le paiement des arrérages au fur et à mesure des échéances, a été rejetée enfin, tant par la doctrine que par la jurisprudence (Civ. cass., 31 mars 1818, Sir. xviii, 1, 213; Paris, 23 juin 1818, Sir. xix, 2, 34).

Dans les coutumes d'égalité parfaite, l'héritier donataire n'était dispensé de rapporter *que les fruits et intérêts reçus du vivant de celui de la succession duquel il s'agissait* (art. 597).

Cependant l'usage avait sur ce point introduit une modification en Bretagne. Ainsi ce n'était plus que dans le cas où le défunt s'était obligé de payer lui-même une rente ou une pension annuelle à l'un de ses héritiers, que les arrérages non perçus n'étaient pas exigibles. En Normandie, au contraire, l'héritier donataire pouvait exiger la dernière année échue (art. 95 du réglement du 6 avril 1666, appelé *Placités* de Rouen). Il est du reste incontestable que la prescription de l'article 2277 est applicable aux arrérages échus depuis plus de cinq ans (v. J. pal., Rennes, 5 juill. 1817 ; Cass., 25 avril 1820 et Paris, 10 févr. 1826).

Sont également affranchis du rapport :

Les produits d'un usufruit dont le défunt a avantagé l'un de ses successibles, que cet usufruit porte sur un objet appartenant à un tiers, au défunt ou au successible lui-même. En effet, les produits d'un usufruit constituent des fruits pour l'usufruitier de l'usufruit (Bastia, 21 nov. 1832, Sir. xxxiii, 2, 6).

Ainsi, en principe le rapport des fruits est dû à partir du jour de l'ouverture de la succession (v. J. pal. Limoges, 8 janv. 1839, t. 1ᵉʳ, 1839, p. 556).

Les intérêts des capitaux et les annuités des rentes actives et passives ne doivent être calculés et comptés qu'à partir du jour du décès de l'ascendant donateur (v. J. pal. Poitiers, 23 mars 1839; t. 2, 1839, p. 527).

Mais lorsqu'une dot a été constituée en argent, sous le régime dotal, elle ne peut, sous aucun prétexte, subir de diminution durant le mariage. Ainsi la femme mariée sous le régime dotal, qui est tenue de rapporter à la succession de son père une partie de la dot constituée par son contrat de mariage, ne peut être condamnée personnellement à payer les intérêts de la somme rapportée. C'est le mari seul qui, dans ce cas, comme propriétaire de deniers dotaux est tenu du paiement de ces intérêts (art. 1551 ; v. J. pal. Toulouse, 23 déc. 1835, t. 1ᵉʳ 1837, p. 213).

Du reste, la prescription de cinq ans ne court pas entre cohéritiers pour les intérêts des sommes dont ils doivent le rapport à la succession (v. J. pal. Colmar, 1ᵉʳ mars 1836).

Egalement, les intérêts des sommes sujettes à rapport sont dûs à compter du jour de l'ouverture de la succession, et ne deviennent exigibles que par la demande en partage; jusque-là, l'action en rapport reste suspendue (v. J. pal. Paris, 24 nov. 1838, t. 1ᵉʳ, 1839, p. 62).

Mais l'héritier chargé de la liquidation de la succession, et dépositaire des fonds appartenant à la succession, n'est tenu d'en payer les intérêts que du jour où il a été mis en demeure de restituer. Ces intérêts ne courent pas de plein droit, ils ne sont pas dûs à partir du jour où ils ont été encaissés (v. J. pal. Cass. 19 juillet 1836).

Si le donataire, en usufruit, ne peut être tenu de rapporter les fruits dont il a eu la jouissance jusqu'au jour du décès .du donateur, il ne peut demander qu'on lui tienne compte des charges qu'il a payées, si la donation était à titre onéreux. Il ne serait même pas admis à renoncer à la donation qui lui aurait été faite, pour porter en compte les sommes qu'il a payées, en compensation de ce qu'il a reçu (v. J. pal. Bourges, 8 avril 1834).

Le fils cessionnaire de l'office de son père est tenu de rapporter le prix à la succession, mais il ne doit compte des intérêts qu'à partir du jour du décès (v. J. pal. Bordeaux, 6 janvier 1834 et 18 févr. 1831).

Le légitimaire, à qui il est dû une restitution de fruits par l'héritier qui a joui de toute la succession, n'a qu'une action personnelle contre celui-ci, et non un droit réel sur les biens. Il ne peut donc réclamer ni délivrance de corps héréditaire ni privilége (v. J. pal. Montpellier, 24 août 1827; Agen, 3o avril 1823; Toulouse, 9 juin 1824; Aix, 12 juillet 1826 et Grenoble, 21 juillet 1826).

Enfin, sont exemptes de rapport :

Les concessions de fruits à percevoir par le donataire pendant la vie du donateur ; les pensions annuelles que le défunt s'est obligé de payer en argent ou de fournir en nature à l'un de ses successibles (art. 852 et 856 cbn.).

Le rapport n'aurait pas lieu, bien que ces concessions de fruits ou ces pensions annuelles, consenties en dehors de tout établissement d'usufruit ou de toute constitution de rente, n'aient pas le caractère de produits usufructuaires ou d'arrérages rentuels.

On a dit, les fruits à percevoir et les pensions annuelles forment l'objet direct et principal de la libéralité, le donataire n'a donc droit qu'aux revenus de ces fruits et de ces pensions, et doit le rapport des uns et des autres. On a argumenté de la loi 4, D. *de pact. dot.*, (23, 4) ; et la loi 9, § 1. D. *de donat.* (39, 5).

Sous l'ancienne jurisprudence on avait voulu introduire la même distinction, mais elle fut rejetée en Normandie (Basnage, sur l'art. 334, p. 237), en Bretagne (Duparc-Poullain, principe du Droit, tome 4) et même à Paris (Ferrière, sur l'art. 309, n°ˢ 6 et 7).

Sous l'empire du Code il faut rejeter cette manière de voir comme contraire à l'équité, et antipathique à l'esprit qui a dicté les dispositions de l'article 856. Il est évident que le but de cet article a été de dispenser du rapport tout ce qui est moins à considérer comme un capital que comme un revenu destiné à être consommé par le donataire.

Mais on répond, dans l'hypothèse actuelle, il n'existe pas de capital qui puisse former l'objet du rapport, donc il faut rapporter les revenus eux-mêmes. Singulière conclusion, pour ne rien dire de plus. Lorsque le défunt a gratuitement cédé une rente viagère constituée sur sa tête, ou un droit d'usufruit établi à son profit, le successible donataire est dans l'impossibilité de rapporter la rente viagère ou l'usufruit, est-il forcé au rapport des arrérages de cette rente ou des produits de cet usufruit? Non, sans doute; et il en serait autrement dans le cas dont il s'agit : nous ne comprenons en vérité pas pourquoi. Voyez où conduirait une distinction aussi subtile, à l'injustice la plus criante, à la plus révoltante inégalité. Ce serait consacrer cette iniquité monstrueuse, que, de deux enfans, dont l'un aurait été doté au moyen d'un capital et l'autre au moyen d'une pension annuelle, d'une somme égale au revenu de ce capital, le premier conserverait les revenus du capital dont il a été gratifié, tandis que le second serait tenu de rapporter les sommes accumulées qui lui auraient été payées à titre de pension annuelle (Bordeaux, 10 février 1831, Sir. XXXI, 2, 137; Bastia, 21 novembre 1832, Sir. XXXVIII, 2, 6).

Il faut décider d'après les mêmes motifs que la pension en nature fournie par un père, qui, en mariant l'un de ses enfans, s'est obligé à le garder chez lui avec le futur et les enfans à naître du mariage, n'est pas plus rapportable que la pension fournie en argent, qu'il se serait engagé à lui servir annuellement en cas d'incompatibilité d'humeur. Denizart dit bien au mot *rapport*, que les *nourritures* promises par un contrat de mariage, ou fournies sans promesse depuis le mariage, sont sujettes à rapport. L'opinion de Denizart et les décisions de l'ancienne jurisprudence nous touchent peu.

Il faut se garder d'appliquer la même solution aux avantages indirects résultant d'un bail fait à vil prix. De pareils avantages sont soumis aux dispositions des articles 843 et 853.

Cet avantage indirect, n'emporte, il faut en convenir, pour le donateur qu'une diminution de revenus, mais pour le donataire, le bénéfice qu'il retire d'un pareil bail constitue plutôt un capital qu'un revenu (Amiens, 29 janvier 1840, Sir. XL., 2, 112).

Ce que veut la loi, il ne faut pas l'oublier, c'est atteindre les avantages réels, quoique faits par des voies détournées, et non permettre des recherches dictées par un esprit de jalousie et de cupidité, qui finiraient par détourner les pères de traiter avec leurs enfans, quelle que fut la bonne foi des uns et des autres.

§ 4. *De la dispense de rapport accordée par le défunt.*

L'obligation du rapport cesse pour l'héritier qui en a été dispensé par le défunt. Celui-ci jouit, dans les limites de la quotité disponible, d'une entière liberté à cet égard (art. 843 et 844).

Or, cette attribution de la quotité disponible soit pour partie, soit pour la totalité, peut être accordée tant par l'acte même qui contient la donation ou le legs, que par un acte postérieur, pourvu que cet acte soit revêtu des formes requises pour la validité des dispositions entre-vifs ou testamentaires (art. 919). Donc, rien n'empêche que la dispense de rapporter une donation ne soit valablement accordée par testament.

Mais la dispense de rapport d'un avantage résultant pour un successible d'une convention à titre onéreux, écrite dans l'acte qui le contient, bien que toutes les formalités requises pour la validité des dispositions entre-vifs n'aient pas été observées, est-elle valable? Dans le cas de vente d'un immeuble, la donation de la différence de la véritable valeur de l'immeuble vendu et du prix stipulé est valable, quoique écrite dans un acte sous seing-privé, par application de la régle *accessorium sequitur principale.* Pourquoi la dispense de rapport qui n'est qu'un accessoire de la donation ne serait-elle pas également valable. La disposition finale de l'article 919 n'a rien à faire à la question, puisqu'elle ne concerne que le cas où la dispense de rapport est contenue dans un acte postérieur à celui qui renferme la donation. L'efficacité d'une dispense de rapport, contenue dans un acte postérieur à celui qui renferme la donation ou le legs, dépend entièrement de l'efficacité de la disposition elle-même.

La dispense de rapport contenue dans un acte de dernière volonté est toujours révocable, serait-elle relative à une donation entre-vifs. Si la dispense de rapport avait été accordée par un acte distinct de celui qui contient la disposition, on ne peut lui reconnaître d'effet rétroactif au préjudice des droits irrévocablement acquis à des tiers, dans l'intervalle de ces deux actes.

La dispense de rapport doit être expresse (art. 843 et 919).

La donation elle-même pas plus que le testament ne confèrent aux héritiers une attribution exclusive d'une portion de corps héréditaire, à titre de privilége, si la donation ou le testament n'expriment, en termes clairs et précis, que la volonté bien formelle du défunt est : que la portion attribuée à l'un des successibles, soit par donation, soit par testament, doit être imputée sur la quotité disponible.

S'il est de toute nécessité qu'il existe une disposition, soit dans la donation, soit dans le testament, qui emporte avec elle la dispense du rapport, la loi n'exige pas toutefois que le disposant emploie les termes consacrés par l'article 843. Toute autre expression équipollente, propre à manifester la volonté du défunt, est indifférente (Paris, 28 juillet 1825, Sir. xxvi, 2, 23).

Nous allons même plus loin, et nous disons que la dispense de rapport peut être virtuelle, qu'elle doit être admise toutes les fois qu'elle se manifeste d'une manière évidente (art. 843 et 919).

Il en résulte :

Que toute dispense de rapport, qui découle nécessairement du contexte ou de l'ensemble des dispositions entre-vifs ou testamentaires du défunt, est exprimée d'une manière suffisante (Melun, 18 prairial an xii, Sir. iv, 2, 159; Turin, 7 prairial an xiii, Sir. vi, 2, 17; Civ. rej., 25 août 1812, Sir. xii, 1, 386; Req. rej. 20 février 1817, Sir. xviii, 1, 64; Req. rej., 17 mars 1825, Sir. xxvi, 1, 70; Req. rej., 9 février 1830, Sir. xxxi, 1, 339; Civ. rej., 7 juillet 1835, Sir. xxxv, 1, 914).

Que la dispense de rapport est valablement manifestée, lorsqu'elle ressort nécessairement de la nature ou du genre de la disposition. Ainsi, la disposition universelle par laquelle un des successibles est appelé à recueillir la totalité de l'hérédité, emporte exclusion des autres successibles, et éloigne, d'après l'intention du défunt, toute idée de rapport, lors même qu'ils viendraient à la succession en vertu de leur droit de réserve (Turin, 7 prairial an XIII, Sir. VI, 2, 17 ; Limoges, 26 juin 1822, Sir. XXII, 2, 276 ; Montpellier, 9 juillet 1833, Sir. XXXIV, 2, 30).

Ainsi, la disposition qui se trouve soumise à une charge de restitution, en vertu d'une substitution fidéi-commissaire autorisée par la loi, est virtuellement dispensée du rapport (Douai, 27 janvier 1819, Sir. XX, 2, 197 ; Bastia, 16 juillet 1828, Sir. XXVIII, 2, 247 ; Req. rej., 26 juin 1830, Sir. XXX, 1, 262 ; Req. rej., 23 février 1831, Sir. XXXI, 1, 424).

Ainsi encore, la disposition faite par voie de partage d'ascendant implique nécessairement de la part du défunt la volonté d'exclure du partage à faire après sa mort, les objets compris dans la disposition, et de les soustraire au rapport.

Que la dispense de rapport est valablement manifestée, lorsqu'elle est la conséquence nécessaire des précautions prises par le défunt pour céler les avantages dont il a gratifié l'un de ses successibles.

Ainsi, les dons ou legs faits par l'intermédiaire de personnes interposées, sont toujours réputés faits avec dispense de rapport ; cette présomption ne s'applique pas d'une façon spéciale aux cas où la personne interposée est le fils, le père ou l'époux du successible gratifié, mais d'une manière générale, quelle que soit la personne de l'intermédiaire de laquelle le défunt s'est servi.

On a professé les opinions les plus contradictoires sur cette dispense de rapport accordée par les articles 847, 848 et 849.

L'on enseigne que ces articles n'ont voulu qu'une chose, dispenser le successible de rapporter les dons et legs faits à un tiers, sous la condition de n'en avoir pas personellement profité, ou de n'en avoir retiré qu'un avantage qui, s'il avait été fait directement en sa faveur, n'eût pas été sujet à rapport d'après les règles du Droit commun.

Un autre avance, qu'en vertu de ces articles, le successible est dispensé du rapport de tout avantage qu'il aurait indirectement retiré d'un don ou d'un legs fait à un tiers, que cet avantage soit ou ne soit pas soumis au rapport d'après les règles du Droit commun, et par une singulière contradiction, il soutient que ces articles sont inapplicables quand le donataire apparent n'est qu'une personne interposée, chargée de remettre au successible l'objet du don ou du legs.

Un troisième enfin, prétend qu'aucune obligation de rapport ne pèse sur l'hérétier, parce qu'en vertu d'une présomption légale *juris et de jure*, le don ou le legs est censé fait en réalité au profit du donataire ou du légataire apparent.

Les articles 847 et 849 établissent, à notre avis, une présomption légale de dispense de rapport, qui suppose nécessairement que la disposition a été faite au profit du successible lui-même, et qu'à défaut de dispense, la disposition eût été soumise au rapport d'après les principes du Droit commun. Cette interprétation est la seule exacte, et c'est ce qui ressort clairement de la comparaison de l'ancien Droit coutumier et de la législation nouvelle. Ainsi, les coutumes qui n'admettaient pas que le défunt pût dispenser l'héritier du rapport, réputaient les dons et legs faits au fils, au père ou à l'époux du successible, faits au successible lui-même et en exigeaient le rapport. Or, quel est le but des articles 847 à 849? précisément d'abroger à cet égard les prescriptions du Droit coutumier; et le motif de cette abrogation, quel est-il? celui-ci : que sous une législation qui admet le principe de la dispense de rapport, rien n'empêche que le défunt ne puisse faire indirectement ce que la loi permet de faire directement. *Non præsumitur fraus nec simulatio in eo quod aliâ viâ obtineri potest*, a dit Dumoulin.

Nous avons dit que la présomption de dispense de rapport devait être admise d'une manière générale, quelle que fût la personne interposée. En effet, quelle autre différence entre ces deux hypothèses qu'une interposition plus facilement présumable dans la première que dans la seconde. Mais l'interposition établie, les conséquences doivent être les mêmes, puisque la présomption légale de dispense de rapport n'est attachée qu'à cette interposition, et non aux relations de paternité, de filiation et de mariage qui unissent le donateur apparent et le successible.

Dans tous les cas, la présomption de dispense de rapport cesse lorsque le disposant a manifesté une volonté contraire, que l'obligation du rapport ait été imposée au donataire par un acte séparé, ou qu'elle résulte d'une convention secrète, et elle ne peut être combattue que par la preuve de ce fait.

Un jurisconsulte distingué a prétendu que les art. 847 à 849 établissent une présomption *juris et de jure* de non-interposition de personnes. En admettant qu'il en fût ainsi, rien n'empêche de combattre cette présomption par la preuve contraire (art. 1352).

Ainsi enfin, les donations déguisées sous la forme de contrats onéreux, sont virtuellement affranchies du rapport. Il en serait autrement, si, malgré le voile du déguisement, il était établi que l'obligation de rapporter a été imposée par le donateur au donataire comme condition de la donation.

Il n'est peut-être pas de question qui ait été l'objet de plus vifs débats, qui ait donné lieu à plus d'opinions contradictoires, sans que la discussion ait éclairé la difficulté, que celle de savoir si les donations déguisées sous la forme de contrats onéreux sont ou non dispensées du rapport.

On a dit pour la négative, que l'article 843 oblige tout héritier, même bénéficiaire, à rapporter tout ce qu'il a reçu du défunt, directement ou *indirectement*, à moins que le don ne lui ait été fait par préciput ou hors part, ou avec dispense du rapport, que l'article 853 soumet implicitement au rapport les avantages provenant de contrats à titre onéreux, lorsque ces avantages sont le résultat immédiat du contrat lui-même, qu'on ne peut, dans l'opinion contraire, invoquer les dispositions de l'article 918, que cet article, tiré de la loi du 17 nivôse an XI, est une exception au principe général établi dans les articles 843 et 853, qu'il faut sévèrement circonscrire au cas pour lequel elle a été établie, que, placé dans une autre loi que celle des *successions,* cet article ne peut rien contre une disposition fondamentale de la loi des successions (Bruxelles, 30 mai 1812, Sir. XIII, 2, 46; v. J. pal. Bruxelles, 26 juill. 1810; Grenoble, 14 janv. 1824; Toulouse, 2 févr. 1824; Limoges, 30 déc. 1837, t. 2, 1839, p. 274; Grenoble, 10 juill. 1819, Sir. XXX, 2, 78; Toulouse, 10 juin 1829, Sir. XXX, 2, 78; Paris, 19 juill. 1833, Sir. XXXIII, 2, 397; Agen, 13 juin 1831, Sir. XXXI, 2, 203; Nancy, 26 nov. 1834, Sir. XXXV, 2, 63; Montpellier, 21 nov. 1836, XXXVII, 2, 360).

On a dit pour l'affirmative, que les articles 853 et 854 reconnaissent que la prohibition d'avantager en ligne directe l'héritier présomptif au-delà d'une certaine quotité, n'interdit point entre lui et celui auquel il doit succéder, les actes à titre onéreux. Qu'il est de jurisprudence que les donations déguisées sous la forme d'un contrat onéreux ne sont pas nulles, lorsque d'ailleurs elles ne contiennent aucune fraude à la loi, et qu'elles interviennent entre personnes capables de disposer et de recevoir réciproquement (Civ. cass., 19 nov. 1810, 26 juill. 1814, 31 juill. 1816, 13 août 1817; v. J. pal. Cass., 23 avril 1827 et 12 nov. 1827). Qu'il y a inconséquence à admettre la validité des donations déguisées sous la forme de contrats onéreux, lorsqu'elles sont intervenues entre personnes réciproquement capables de donner et de recevoir, et à les soumettre à une dispense expresse de rapport ; que c'est obliger le disposant à divulguer le mystère d'une libéralité qu'il a le droit de tenir secrète ; qu'il résulte de la combinaison des articles 843 et 1099, que ces articles ne s'appliquent qu'aux avantages indirects faits sans déguisement, et non aux donations déguisées. Que l'article 853 n'a rien à faire à la question, qu'en effet, l'article 918 constitue non une exception à la règle posée dans l'article 843, mais une application du principe que la simulation emporte par elle-même dispense de rapport (Colmar, 10 déc. 1813, Sir. xxiv, 2, 289 ; Colmar, 13 août 1817 ; v. J. pal. Rennes, 10 févr. 1818 ; v. J. pal. Nîmes, 15 mars 1819, Sir. xx, 2, 73 ; Grenoble, 6 juill. 1821, Sir. xxx, 2, 78, à la note ; Lyon, 22 juin 1825, Sir. xxv, 2, 366 ; Bordeaux, 20 juill. 1829, Sir. xxix, 2, 298 ; Toulouse, 7 juill. 1829, Sir. xxxi, 2, 84 ; Toulouse, 10 juin 1829 et 9 juin 1830 ; v. J. pal. Nancy, 26 nov. 1834 ; v. J. pal. Caen, 26 mars 1833, 4 et 23 mai 1836, Sir. xxxvii, 2, 360 ; Agen, 4 mai 1830, 3 mars 1832 ; v. J. pal., t. 24, 1832, p. 1672 ; Paris, 8 févr. 1837, Sir. xxxvii, 2, 219 ; Bordeaux, 27 avril 1839 ; v. J. pal., t. 2, 1839, p. 275 ; Cass., 3 août 1841 ; v. J. pal., t. 2, 1841, p. 100).

Une opinion intermédiaire a été émise sur ce que la circonstance du déguisement ne suffit pas à elle seule, pour emporter dispense de rapport ; qu'il n'est cependant pas absolument nécessaire que la dispense soit expresse ; qu'il appartient au juge du fait d'examiner si l'intention du donateur a été de dispenser sa libéralité du rapport, que le juge peut faire résulter cette intention du concours de la simulation avec d'autres circonstances de la cause (Civ. rej., 3 août 1841, Sir. xli, 1, 621 ; Req. rej., 20 mars 1843 ; Dalloz, 1843, 1, 145).

Une quatrième opinion a été manifestée : on a dit qu'il fallait écarter de la discussion les articles 853 et 918, que ces articles sont complètement étrangers aux donations déguisées, qu'ils ne s'occupent évidemment que d'avantages indirects faits d'une manière patente. Que l'argument qu'on a voulu tirer des articles 843 et 1099 combinés, pour restreindre l'application de l'article 843 aux avantages indirects faits d'une manière patente est sans aucune valeur; car, s'il est vrai que tous les avantages indirects ne constituent pas des donations déguisées, il n'est pas vrai que les donations déguisées ne sont pas des avantages indirects. Que l'opinion intermédiaire n'est rien moins que juridique, et on a posé ce dilemne : ou les articles 843 et 919 ne s'appliquent pas aux donations déguisées; et quelle serait, dans ce cas, la disposition légale en vertu de laquelle on les soumettrait au rapport? ou bien ils s'y appliquent; et alors en vertu de quel principe seront-elles affranchies du rapport? Sera-ce en vertu d'une dispense qui n'est même pas virtuelle, puisqu'on ne la fait pas résulter nécessairement de la simulation même, puisqu'on la fait dépendre de circonstances plus ou moins équivoques, dont on abandonne l'appréciation entière au pouvoir discrétionnaire du juge. Que, sous aucun prétexte, il n'est permis de soustraire les donations déguisées à l'application de l'article 843. Que la question se réduit à savoir si les donations déguisées se trouvent comprises ou non dans l'exception apportée par cet article lui-même à la règle qu'il établit, en un mot, si la simulation emporte une dispense virtuelle du rapport. Qu'il ne s'agit pas de savoir dans quelle intention le défunt a eu recours à la simulation, mais bien de s'assurer si cette dernière n'emporte pas, d'après les principes qui la régissent, une dispense virtuelle de rapport; qu'il importe donc peu que le donateur, en recourant à la simulation, ait été mu par d'autres considérations, que le motif de dispenser du rapport la donation déguisée, qu'il ait voulu éviter des formes gênantes, se soustraire au paiement de droits d'enregistrement considérables, ou ne pas exciter la jalousie des autres membres de sa famille; qu'on ne peut ainsi conclure qu'il n'y a pas d'incompatibilité nécessaire entre la simulation et l'obligation du rapport. Qu'en effet, il est incontestable que la règle *plus valet quod agitur, quam quod simulatur,* ne s'applique qu'au cas où l'acte simulé fait fraude, soit à la loi, soit aux droits des tiers et à celui où l'une des parties voudrait abuser de la forme apparente de cet acte, pour faire produire à la convention qu'il renferme des effets contraires à leur intention commune. Que hors de ces cas, un acte simulé doit être apprécié et jugé sous l'apparence qu'il présente, sans qu'il y ait même lieu de s'enquérir du caractère qu'il peut avoir en réalité. Que c'est toujours à celui qui prétend se soustraire à l'application de ce principe, à prouver l'existence d'une fraude ou d'un abus de la nature de ceux qui viennent d'être indiqués. Que dans la question, le déguisement d'une libéralité ne saurait constituer ni une fraude à la loi, ni une fraude aux droits des cohéritiers du donataire, en tant qu'on les considère comme des tiers, puisque le donateur avait la faculté de dispenser ouvertement ce dernier de l'obligation du rapport, et qu'il est permis de faire indirectement ce que la loi permet de faire directement. Que de même que l'on ne pourrait exiger le rapport d'objets qui auraient en réalité été transmis par un contrat onéreux, de même, on ne peut demander le rapport d'objets compris dans une donation déguisée sous la forme d'un contrat de cette nature, à moins de prouver, d'une part, que l'acte est simulé, et d'autre part, que le donateur a manifesté au donataire l'intention de soumettre au rapport la libéralité qu'il lui conférait, et qu'ainsi ce dernier abuse de la simulation en se refusant à l'accomplissement de cette obligation (MM. Aubry et Rau, cours de Droit civil français, t. 4, p. 469).

Nous adoptons volontiers cette manière d'envisager la question,
de l'interpréter et de la résoudre. Bien que cette solution n'ait
pas pour elle l'autorité des arrêts, elle a sur toutes les autres
opinions un immense avantage : celui d'être en tout conforme
aux principes du Code et aux dispositions particulières de la
matière. Puisse-t-elle rallier tous les esprits, faire cesser enfin
cette lutte déplorable de décisions contradictoires, et ramener
la jurisprudence à cette unité si désirable qu'elle semble s'être
plue à méconnaître si longtemps.

Sont encore virtuellement dispensés du rapport, sous la même
restriction que les donations déguisées :

Les dons manuels qui ont été faits d'une manière secrète. Il
est incontestable que les dons manuels peuvent avoir lieu d'une
manière ouverte, sans être constatés par un acte instrumentaire,
et il n'existe aucun motif de les dispenser du rapport, lorsqu'il
en est ainsi ; mais si les dons manuels avaient été faits de façon
discrète, la circonstance de la dissimulation doit évidemment
emporter dispense de rapport.

Les remises de dettes, lorsque la libéralité qu'elles renferment a été exercée d'une manière cachée.

Spécialement, la donation déguisée sous la forme d'une quit-
tance établissant un paiement simulé, est présumée faite avec
l'intention formelle de dispenser du rapport (v. J. pal. Paris,
8 février 1837, t. 2, p. 445).

Il en est encore de même dans le cas où la remise a été opérée
par la tradition de l'acte instrumentaire constatant l'existence
de la créance, et que la véritable cause de cette tradition a été
dissimulée (art. 1282). La disposition de cet article est formelle,
elle établit une présomption *juris et de jure* de remise ou de
paiement de la dette, suivant le plus grand intérêt du débiteur;
on ne peut donc contraindre le débiteur au rapport, en prou-
vant contre lui que cette tradition a été faite par suite de la

11

remise de la dette. On ne le peut pas davantage dans le cas prévu par l'article 1283, puisque la dissimulation à laquelle le créancier a eu recours pour faire disparaître les traces de sa libéralité et assurer la libération du débiteur, emporte une dispense virtuelle de rapport.

§ 5. *Des différentes manières dont le rapport s'effectue, et des effets juridiques qu'entraîne l'obligation du rapport.*

Le rapport se fait en nature ou en moins prenant (art. 858).

Le rapport des legs se fait en laissant dans la masse héréditaire les objets à rapporter, tout comme si la disposition testamentaire n'existait pas.

Le rapport des dons entre-vifs peut se faire en nature ou en moins prenant (art. 858).

Le rapport se fait en nature, lorsque l'héritier réunit à la masse héréditaire, dans leur identique individualité, les objets qu'il est tenu de rapporter.

Le rapport se fait en moins prenant, soit que la part de l'héritier soumis au rapport subisse une réduction d'une somme égale à la valeur pécuniaire des objets à rapporter, soit que la part de chacun de ses cohéritiers éprouve une augmentation de la même somme.

L'héritier donataire n'a pas toujours l'option de faire le rapport en nature ou en moins prenant; la manière dont le rapport doit s'effectuer, dépend principalement de la nature des objets à rapporter et suivant des distinctions nombreuses.

L'obligation de rapporter les legs a pour effet de neutraliser complètement la disposition testamentaire.

. Quant aux dons entre-vifs, les effets juridiques de l'obligation de rapport ne peuvent être appréciés qu'au moyen d'une distinction entre les effets mobiliers et les objets immobiliers.

Le rapport des effets mobiliers ne doit et ne peut se faire qu'en moins prenant. Cette obligation de rapport à laquelle le successible donataire d'objets mobiliers est soumis, n'empêche pas qu'il devienne propriétaire incommutable de ces effets (art. 868).

Ainsi, l'héritier donataire ne peut offrir un rapport en nature, ni ses cohéritiers l'exiger. Ainsi, l'héritier donataire ne peut se soustraire à l'obligation de rapporter en moins prenant, les effets mobiliers qui auraient péri par cas fortuit, ou qui lui auraient été dérobés. *Casum sentit dominus.* (Arg. *a contrario* art. 856).

Ainsi enfin, le rapport en moins prenant des effets mobiliers doit se faire sur le pied de la valeur de ces effets, lors de la donation, et non pas lors du décès du donateur.

Cependant, si le donateur s'était réservé un droit d'usufruit sur les objets mobiliers compris dans la donation faite au successible, la somme à rapporter serait déterminée, d'après la valeur de ces effets, à l'époque de la cessation de l'usufruit (art. 587 et 589 ; Riom, 23 janvier 1830, Sir. xxxiii, 2, 249).

La valeur des effets mobiliers à rapporter se détermine, d'après l'état estimatif annexé à l'acte de donation. S'il n'existe pas d'état estimatif, cette valeur se détermine d'après une évaluation par experts faite sur les documens les plus certains, en donnant aux objets, du moins par approximation, la valeur qu'ils devaient avoir au moment de la donation. L'article 918 ne repousse pas la prévision de cette seconde hypothèse ; car la donation d'effets mobiliers sous forme de don manuel est valable bien que non accompagnée d'état estimatif.

L'estimation sera faite à juste prix et sans crue (art. 868).

Il résulte des articles 868 et 535 combinés que ces propositions sont applicables non-seulement aux meubles corporels, mais encore aux meubles incorporels, aux créances et aux rentes

84

soit sur l'État, soit sur particuliers (Nîmes, 24 janvier 1828,
Sir. xxx, 2, 111).

Il a cependant été prétendu, par une fausse application de
l'article 1567, que si les effets donnés consistent en rentes ou en
créances qui ont péri ou souffert des retranchemens sans faute
imputable au donataire, celui-ci pourra se libérer de l'obligation du rapport par la restitution simple des actes instrumen-
taires constatant l'existence de ces créances ou de ces rentes.
Confusion étrange de deux ordres de choses entièrement différentes! Que suppose l'article 1567? un mari simple usufruitier,
débiteur à la cessation de son usufruit, des créances ou des
rentes constituées en dot, il a dû lui faire l'application de la
règle *debitor rei certæ, rei interitu liberatur*. Quoi de plus
logique?

Que suppose l'article 868? tout le contraire. Un donataire,
devenu propriétaire incommutable de tous les objets mobiliers
qui lui ont été donnés en avancement d'hoirie; n'y a-t-il pas
nécessité de lui appliquer la règle *casum sentit dominus*.

Il a encore été dit que de même que l'article 1567 ne concerne que le cas où le mari est simple usufruitier des créances
et des rentes constituées en dot, et non celui où il en serait
devenu propriétaire incommutable sur l'estimation qui en aurait été faite dans le contrat de mariage (art. 1551), de même
l'article 868 ne concerne que le cas où le donataire a reçu les
effets mobiliers sur estimation, et ne s'entend pas des objets qui,
n'ayant pas été estimés, n'ont pas une valeur commerciale;
qu'il ne s'entend pas, en un mot, des contrats de rente sur particuliers, ainsi que des créances ordinaires qui ne peuvent avoir
au jour de la donation *la valeur réelle et commerciale* des rentes
constituées sur l'État, des actions sur la Banque de France ou
sur la compagnie des canaux. Nous repoussons cette distinction
parce que, indépendamment de toute estimation, et dans tous

les cas, le donataire d'effets mobiliers en devient le propriétaire incommutable. Il n'y a lieu de considérer si la donation a été faite avec ou sans estimation que pour la fixation de la somme à rapporter.

Ainsi, la créance donnée a-t-elle été estimée quant à sa valeur réelle ? Cette estimation sera considérée comme un forfait établi pour déterminer le montant de la somme à rapporter, et le donataire ne pourra, sous aucun prétexte, se soustraire au rapport de cette somme.

Ainsi, la créance a-t-elle été donnée sans estimation, on en fera déterminer, par experts, la valeur réelle au temps où elle est devenue exigible et où le donataire a été mis ainsi en demeure d'en faire le recouvrement.

Ainsi, les rentes soit sur l'État, soit sur particuliers, seront rapportées à défaut d'estimation, les premières sur le pied des cours au moment de la donation, les secondes d'après leur valeur à la même époque, à dire d'experts.

Si la donation était d'un fonds de commerce ou d'un office, on en ferait l'estimation sur le pied de leur valeur au moment de la donation, époque à laquelle ils sont devenus la chose propre du donataire pour être gérée à ses risques et périls.

Ainsi, l'enfant à qui son père a cédé un office doit rapporter à la succession paternelle la somme représentative de la valeur vénale de l'office au moment de la cession (Cass., 21 nov. 1815, Sir. xvi, 1, 75; v. J. pal. Cass., 5 juillet 1814; Orléans, 18 août 1824; Rennes, 10 déc. 1823 et Bordeaux, 6 janv. 1834).

Le rapport de l'argent comptant se fait en moins prenant dans le numéraire, à défaut de numéraire, dans le mobilier, et à défaut de mobilier dans les immeubles de la succession (art. 869). Dans ces deux derniers cas, l'héritier donataire a toutefois un droit d'option; il peut, s'il le préfère, verser dans la masse héréditaire une somme égale à celle qu'il a reçue (art. 869). Cet article est la confirmation de l'article 868. Il dispense dans tous les cas le donataire d'une somme d'argent, de l'obligation de verser en numéraire une somme égale à celle qu'il a reçue, et indique la manière dont s'effectue le rapport en moins prenant. Le droit que dans l'absence de numéraire dans la succession, l'article 869 lui accorde de verser, si bon lui semble, une somme égale à celle dont il a été gratifié, dans la masse héréditaire, ne constitue pas un véritable rapport en nature; car, en cas d'augmentation de valeur des espèces données, il n'est pas tenu de les restituer dans leur identique individualité, et en cas de diminution il ne se libérerait pas au moyen d'une pareille restitution. Le donataire ne doit faire raison à l'héritier que de la somme numérique qu'il a reçue, ni plus ni moins; comme en matière de prêt (art. 1895).

Les sommes représentant la valeur des objets mobiliers à rapporter en moins prenant, portent intérêt de plein droit, à dater du jour de l'ouverture de la succession (art. 856; v. J. pal. Poitiers, 23 mars 1839, t. 2, 1839, p. 527).

Du reste, le légitimaire qui a reçu de son père une somme d'argent à-compte de ses droits, ne peut être admis à la rapporter à la masse pour demander la légitime entière à corps héréditaire, il ne peut réclamer qu'un supplément s'il lui en est dû (v. J. pal., Toulouse, 13 déc. 1813).

Le rapport des immeubles ne peut et ne doit se faire qu'en nature (arg. des art. 859 et 860). Il en résulte que le successible donataire d'immeubles sujets à rapport, n'acquiert sur ces immeubles qu'une propriété révocable, et que son droit de propriété, se résout à l'ouverture de la succession, d'une manière rétroactive, à l'égard de ses cohéritiers et des tiers.

Toutefois, les fruits que le donataire a recueillis, ceux qu'il est censé avoir recueillis avant l'ouverture de la succession, lui sont irrévocablement acquis (arg. des art. 855, 856, 861 et suiv.).

Ces principes combinés nous donnent les propositions suivantes :

La perte de l'immeuble donné, ou la dépréciation qu'il a subie, soit avant, soit après l'ouverture de la succession, est pour le compte de l'hérédité, sous deux conditions : que l'immeuble donné ait péri ou ait été endommagé par cas fortuit, qu'il n'y ait aucune faute imputable au donataire. Ainsi, la perte totale de l'immeuble, libère le donataire de toute obligation de rapport, la perte partielle ne lui impose d'autre obligation que celle de rendre l'immeuble dans l'état où il se trouve (art. 855 et arg. de cet art.).

Quid, si le donataire avait fait assurer l'immeuble donné, et que cet immeuble eut péri par suite d'un incendie. Ce n'est pas ici le cas d'appliquer la maxime *pretium succedit in locum rei.* L'action en rapport ne porte pas sur une universalité juridique comme l'action en partage, mais sur un objet antérieur individuellement envisagé, ce n'est qu'une action particulière régie par la maxime : *in judiciis singularibus, res non succedit in locum pretii nec pretium in locum rei* (Bordeaux, 26 mai 1830, Sir. xxx, 2, 248; Civ. cass., 28 juin 1831, Sir. xxxi, 1, 291; Grenoble, 17 févr. 1834, Sir. xxxiv, 2, 367). L'indemnité payée par la compagnie d'assurances est plutôt l'équivalent de la chance aléatoire que court l'assuré, en payant une prime pour laquelle il ne recevra rien, s'il n'y a sinistre, que la représentation de l'immeuble incendié. D'ailleurs l'article 855 est précis; l'obligation de rapport a révoqué le droit de propriété et le *débitor rei certæ rei interitu liberatur.*

Il faudrait cependant que le donateur établît que cet incendie ne peut lui être imputé à faute, car tout débiteur doit justifier du fait qui a produit sa libération (art. 1315), et spécialement celui qui se prétend libéré par un cas fortuit, est tenu d'en justifier (art. 1302).

L'article 1733 est inapplicable. Il s'écarte du Droit commun en ce que d'après les données de l'expérience (*incendia plerumque fiunt culpâ inhabitantium*). Il restreint le cercle des moyens de justification du preneur, et sous ce rapport il ne faut appliquer la disposition qu'il contient, qu'en matière de bail.

Ainsi, on ne pourrait pas faire le donataire responsable de l'incendie arrivé par la faute de son locataire même insolvable. La responsabilité qui pèse sur le donataire est la même que celle qui pèse sur l'usufruitier.

Le donataire fait siens tous les fruits de l'immeuble donné qu'il a recueillis ou est censé avoir recueillis au moment de l'ouverture de la succession d'après les règles admises en matière d'usufruit. Le donataire est un possesseur de bonne foi, il possède en vertu d'un titre irrévocable, bien que soumis à une condition résolutoire (art. 856).

Le donataire peut exiger le remboursement de ses impenses nécessaires pour l'intégralité des sommes qu'il a déboursées dans l'intérêt de la conservation de l'immeuble donné; il a droit au remboursement de ses impenses utiles, jusqu'à concurrence de ce dont la valeur de cet immeuble se trouve augmenté au temps du partage (art. 862 et 861).

Les dépenses d'entretien sont une charge des fruits et restent au compte du donataire (art. 605, al. 1 et 856).

De son côté, le donataire doit tenir compte des dégradations ou détériorations provenant de sa faute ou de sa négligence, jusqu'à concurrence de ce dont la valeur de l'immeuble se trouve diminuée au temps du partage (art. 863 cbn. 861).

Ainsi, le donataire serait responsable des détériorations provenant de ce qu'il n'aurait pas fait en temps utile, les grosses réparations nécessaires à la conservation de l'immeuble. L'usufruitier, il est vrai, n'est pas tenu des grosses réparations, parce que le nu-propriétaire peut veiller lui-même à la conservation de l'immeuble qui lui appartient; mais le donataire soumis à une obligation éventuelle de rapport, envers un cohéritier n'ayant jusqu'au décès du donatenr aucune qualité pour faire acte de propriété ou d'administration relativement à l'immeuble donné, doit veiller à la conservation de cet immeuble.

Le donataire doit tenir compte des dégradations commises par un tiers possesseur, auquel il aurait aliéné l'immeuble donné, et il doit lui être tenu compte des améliorations faites par ce tiers possesseur (art. 864).

Les sommes dues au donataire pour impenses et celles qu'il doit pour dégradations ou détériorations, portent de plein droit intérêtà compter de l'ouverture de la succession[(arg.de l'art. 856).

Toutefois, le donataire aurait le droit de compenser les sommes dont il serait redevable pour dégradations ou détériorations, avec celles qui lui scraient dues pour impenses ou améliorations, et de retenir l'immeuble jusqu'au remboursement de celles qui lui resteraient dues (art. 867).

Cependant, ce droit de rétention n'autorise pas le donataire à garder, en restituant l'immeuble, les fruits qu'il a perçus depuis l'ouverture de la succession. L'article 856 n'admet aucune exception à cet égard ; d'ailleurs, la position d'un héritier exerçant un droit de rétention, ne saurait être plus favorable que celle d'un créancier ayant un droit de gage, et créer une sorte de privilége en faveur du premier. Son droit est le même que celui d'un dépositaire qui a fait des impenses pour la conservation de la chose déposée (art. 1948), et qui n'en est pas moins tenu de restituer les fruits qu'elle a produits (art. 1936).

L'assimilation du donataire retenant un immeuble en vertu de l'article 867 à un possesseur de bonne foi, ne saurait être admise que par une confusion étrange entre la simple détention et la possession.

La détention n'est qu'un fait pur et simple, dégagé de toute relation avec l'acquisition ou l'exercice d'un droit.

La possession est un fait à l'aide duquel se manifeste et s'exerce un droit préexistant, auquel il se rattache par voie de conséquence, ou un fait juridique qui peut entraîner par lui-même, et abstraction faite de tout droit préexistant, certaines conséquences légales.

L'immeuble donné est rapporté à la masse héréditaire franc de toutes les charges réelles, hypothèques ou servitudes, créées par le donataire (art. 865).

On a prétendu qu'en cas de constitution par le donataire de servitudes personnelles ou réelles, le rapport devait se faire en moins prenant, par application de l'article 859 et qu'il fallait écarter l'article 865. C'est là une opinion contraire à l'ancien Droit, et ce nous semble, au texte des articles 859 et 865. L'article 859 n'admet le rapport en moins prenant que *lorsque l'immeuble a été aliéné par le donataire*, ce qui ne peut s'entendre que d'une aliénation de la propriété, et l'article 865 déclare résolues *toutes les charges créées par le donataire*. L'héritier serait exposé à des recours en garantie, mais il n'aurait pas à s'en plaindre. *Quod quis ex culpâ suâ damnum sentit, non intelligitur sentire* (L. 203, **D.** *de regul. juris*).

Toutefois, les créanciers peuvent intervenir au partage pour veiller à ce que, soit le partage, soit le rapport, ne se fasse pas en fraude de leurs droits, pour empêcher que le rapport ait lieu en nature dans les cas exceptionnels où le donataire a la faculté de le faire en moins prenant, pour s'opposer à ce que, par suite d'un concert, on n'attribue l'immeuble rapporté au lot de tout autre que le donataire (art. 865).

Les charges réelles, provenant du chef du donataire, sont à considérer comme n'ayant jamais été éteintes, lorsque l'immeuble donné tombe au lot de ce dernier (arg. de l'art. 883). En effet, la résolution de ces charges est subordonnée à la résolution du droit de propriété. Il serait même plus exact de dire que le donataire *en avancement d'hoirie* ne peut perdre cette qualité que par le partage de l'hoirie avec lequel le rapport se lie d'une manière tellement intime, que les effets en sont nécessairement subordonnés aux résultats de cette opération (MM. Aubry et Rau, Cours de Droit civil français, p. 479).

Le rapport des immeubles doit se faire en nature. Par exception à cette règle, le rapport des immeubles peut ou doit même avoir lieu en moins prenant.

Ainsi, le donataire, les créanciers du donataire, les personnes en faveur desquelles il a été créé des charges réelles sur l'immeuble donné, tous ses ayans-cause, en un mot, peuvent faire le rapport en moins prenant :

S'il existe dans l'hérédité des immeubles de même nature, valeur et bonté, que l'immeuble donné, dont on puisse former des lots à peu près égaux pour les autres cohéritiers (art. 859).

Si le donateur a accordé au donataire la faculté de retenir l'immeuble donné en en payant la valeur ou une somme déterminée.

Dans le premier cas, le rapport en moins prenant se fait au taux de la valeur de l'immeuble donné à l'époque de l'ouverture de la succession ; dans le second, il se fait sur le pied fixé par la disposition. Dans les deux cas, le rapport cesse d'être dû, si l'immeuble donné a péri par cas fortuit, sans la faute du donataire ; c'est en quoi ce rapport diffère de celui des meubles.

Le rapport *doit* se faire en moins prenant.

Lorsque l'immeuble, ayant péri par la faute du donataire, il est impossible de le rapporter en nature. Le rapport se fait d'après la valeur qu'aurait eue l'immeuble lors de l'ouverture de la succession, s'il eût encore existé à cette époque (arg. de l'art. 850).

Lorsque, avant l'ouverture de la succession, l'immeuble donné a été aliéné par le donataire, soit à titre onéreux, soit à titre gratuit. Le rapport se ferait en nature, si l'immeuble rentré dans le patrimoine du donataire, pouvait être rapporté sans lésion des droits de tiers possesseurs. Quand cet intérêt ne se trouve pas en jeu, rien ne s'oppose au rapport en nature (art. 859 et 860). Ces articles apportent une exception au principe de la rétroactivité qu'entraîne, en général, toute condition résolutoire; cette dérogation aux dispositions de l'article 865 fut sans doute un privilége accordé à la propriété foncière.

Les cohéritiers ne peuvent revendiquer l'immeuble aliéné contre le tiers possesseur, ni même faire réduire la vente, lors même que le donataire serait complètement insolvable, à moins que la valeur de l'immeuble donné n'excède la quotité disponible. S'il en est ainsi, les cohéritiers du donataire jouissent, en cas d'insolvabilité de ce dernier; de l'action en revendication ouverte à leur profit par l'article 930.

L'aliénation de l'immeuble ne convertit pas la propriété révocable du donataire en une propriété irrévocable; le donataire ne doit ni la valeur de l'immeuble au temps de la donation, ni le prix pour lequel il a été vendu, il continue à devoir l'immeuble, et dans l'impossibilité légale où il est de le rapporter en nature, son obligation de le restituer se transforme en une obligation de payer une somme équivalente à sa valeur au moment de l'ouverture de la sucession; il en résulte que l'héritier donataire ne serait même pas tenu de rapporter le prix de l'immeuble vendu, si cet immeuble vient à périr par cas fortuit entre les mains du tiers acquéreur; qu'il est libéré de toute obligation de rapport.

Toutefois, si la dépossession du donataire a été le résultat d'une force majeure, si le donataire a été dépossédé par suite d'une expropriation forcée pour cause d'utilité publique, ou d'une licitation, il faudrait décider comme dans l'ancien Droit, que la somme qu'il a touchée formant alors l'objet de l'obligation de rapport, il doit l'indemnité ou la soulte qu'il a reçue, lors même que par un accident fortuit ultérieur l'immeuble aurait péri.

On doit, pour fixer la valeur de l'immeuble donné à l'époque de l'ouverture de la succession, tenir compte des impenses nécessaires ou utiles faites par le donataire, ainsi que des dégradations provenant de sa faute ou de sa négligence (art. 861 à 863).

Si l'immeuble donné se trouve entre les mains d'un tiers possesseur, il faut également tenir compte des améliorations faites et des dégradations commises par ce dernier (art. 864). Du reste le tiers possesseur reste complètement étranger à ce dernier compte qui ne concerne que le donataire et ses cohéritiers.

DROIT COMMERCIAL.

DES SOCIETÉS POUR ACTIONS EN DROIT COMMERCIAL.

DES ACTIONS EN GÉNÉRAL.

Le fonds social peut être indéfiniment décomposé en parties qui reçoivent le nom d'actions, et le propriétaire de ces actions prend le nom d'actionnaire. Ce sont des parts indivises, mobilières, incorporelles, exprimées en valeur monétaire et transmissibles. C'est le capital social divisé en portions égales, abstraction faite des personnes qui en sont, ou qui peuvent en devenir propriétaires, portions qui donnent le droit de participer aux bénéfices et de ne concourir aux pertes que jusqu'à concurrence de leur valeur nominale.

Mais d'où vient l'idée de diviser le capital social en actions? Quelle est l'époque à laquelle elle a fait son entrée dans le Droit français? Est-elle d'origine étrangère ou française?

Au dire de certains auteurs la société par actions se serait produite dans notre Droit à la fin du xvime siècle; suivant M. Frémery (études sur le Droit commercial, p. 55), la compagnie des Indes-Orientales d'Amsterdam de 1602, serait la première qui se fut manifestée avec le cortège de l'action. Certes, ce fut à cette époque, que l'action se classa distinctement dans le nombre des valeurs en circulation, qu'elle revêtit définitivement les caractères d'une monnaie courante, jusque-là sa marche est embarrassée, elle ne se transmet qu'à l'aide de la cession ordinaire, elle ne se remet pas encore de la main à la main. Mais, la pratique en est plus ancienne; de 1555 à 1559, sous le pontificat de Paul IV, on trouve la ferme des impots des états du pape divisée par actions; on voit le duc Horace Farnèse vendre trois de ces actions, Baudoin de Monte autant, et la Rote de Gênes relate cette opération comme un acte fréquent (Straccha, décision Rotæ Genuæ, 14, n°⁵ 5, 6, 83, 85, 133).

Le plus ancien exemple à l'appui de cette théorie, se rattache à une société civile, ce qui tendrait à établir que la division d'un capital social en actions n'est pas une conception commerciale, et que les sociétés civiles peuvent la réclamer aussi légitimement que les sociétés commerciales.

Le moulin du *Basacle* à Toulouse fut concédé, au XII° siècle, par le prieur de la Daurade, à une société dont les membres désignés dans les anciens titres sous le nom de *pairiers* ou *pariers* (v. Ducange) reçurent, suivant le montant de leur intérêt, un certain nombre de parts dans la valeur totale de l'usine, parts qui prirent le nom d'*uchaux* (mesure de capacité usitée à Toulouse) et n'étaient autre chose que des actions; la preuve en est, que l'organisation du Basacle s'est maintenue dans sa forme originaire et que l'*uchau* est considéré comme équivalant à une action, est cessible et l'a toujours été. Ceux qui veulent sortir de la société vendent leur *uchau* par demi-*uchau*, quart-d'*uchau*. N'est-on pas forcé de reconnaître là les coupons d'actions?

Le capital social peut être divisé non-seulement en actions, mais ces actions elles-mêmes peuvent être divisées en coupons d'actions d'égale valeur (art. 34).

Rien n'est plus ordinaire dans la pratique que d'échelonner le paiement d'une action en plusieurs termes; tant que l'action n'est pas entièrement libérée, on ne délivre aux actionnaires qu'un titre provisoire, une promesse d'action; ce n'est qu'après une libération parfaite que l'action ou le titre définitif est échangé contre la promesse d'action.

L'usage reconnaît plusieures sortes d'actions qu'il n'a ni prises à la science ni empruntées à la loi.

Telles sont : *Les actions de capital*, dont le montant a été versé en argent ou en valeurs mobilières ou immobilières, donnant droit à une part proportionnelle à leur valeur sur le fonds social et sur les produits.

Les actions industrielles, dont la valeur est représentée par l'apport de l'industrie des travailleurs. Le dépôt de ces actions pendant toute la durée de la société est la garantie que se réserve l'entreprise contre le refus des actionnaires travailleurs de continuer leur concours. Stipuler que les porteurs de ces actions ne viendront pas au partage du capital, nous semble un luxe de précautions.

Les actions payantes, dont le montant a été payé en écus.

Les actions non payantes, données à un industriel pour prix de l'apport d'un brevet, d'une découverte, d'une invention, d'une idée.

Les actions de jouissance, valeur négative, destinées à remplacer les actions de capital et les actions industrielles quand elles s'éteignent par l'amortissement.

Les actions de fondation, attribuées aux fondateurs pour représenter leur apport.

Les actions de prime, émises en faveur de ceux qui ont concouru à organiser la société, ou doivent concourir pour la faire réussir.

§ 1. *Nature de l'action.*

L'artcle 529 du Code civil déclare meubles par la détermination de la loi, les actions ou intérêts dans les compagnies de finance, de commerce ou d'industrie, encore que des immeubles dépendans de ces entreprises appartiennent aux compagnies. Ces actions ou intérêts sont réputés meubles à l'égard de chaque associé seulement, tant que dure la société. Comment peut-il se faire qu'une part d'immeubles soit mobilière? C'est que les bénéfices qui naissent des actions sont essentiellement mobiliers, et que, si les compagnies de finance, d'industrie ou de commerce ont dû acquérir des immeubles pour l'exploitation de l'entreprise, cette entreprise ne cesse pas un instant d'être l'objet principal de l'association. L'immeuble n'est qu'un accessoire, et la qualité d'une chose ne se détermine que par la considération de l'objet principal. La transmission du capital social à l'être moral a transformé le droit des actionnaires en une propriété distincte. Et, au surplus, cette fiction de la loi n'existe pas à l'égard des tiers, et s'il ne dépend d'aucun associé de demander la division et de provoquer ainsi la dissolution de la société, si chacun n'a qu'une part indéterminée dans l'immeuble dont la propriété est à la société, considérée comme un être de raison, si chacun a un droit plutôt qu'une propriété, la société dissoute, le droit vague se traduit en droit réel; libre à chacun de provoquer le partage, et le droit mobilier devient un droit immobilier. C'est un droit incorporel s'exerçant sur des immeubles comme les droits incorporels d'usufruit, d'usage, s'exercent sur des choses corporelles.

De cette nature de l'action à l'égard de chacun des associés il résulte :

Que le créancier personnel d'un associé ne pourrait pratiquer sur les immeubles de la société aucune saisie immobilière, ni demander une licitation en justice. Tant que dure la société, l'être moral collectif est propriétaire et le créancier d'un associé ne peut avoir d'autre droit que celui de former des oppositions entre les mains des gérans des entreprises, afin de se faire attribuer les bénéfices affectés à son débiteur (Paris, 2 mai 1811, Sir., t. 14, deuxième partie, p. 213; Dalloz, Recueil alph., t. 2, p. 625; v. J. pal., t. 30, p. 198).

Que lorsque la société a pris fin, le créancier ne peut intervenir dans les opérations destinées à régler le sort des associés, que comme le ferait le débiteur lui-même. Qu'il doit dans l'exercice de ses droits respecter toutes les stipulations qui auraient été légalement faites pour la liquidation de la société.

La Cour de cassation, par arrêt du 7 avril 1824, a déclaré les actions sur les mines, mobilières; par un second arrêt du 14 août 1833, que le legs d'une action dans une société était un legs mobilier; par arrêt du 9 février, même année, que ces actions n'étaient passibles que du droit mobilier; et par un autre arrêt du 14 février 1824, que la régie avait induement perçu le droit de vente immobilière, à l'occasion d'une cession d'actions dans une société propriétaire d'immeubles.

Quelquefois la loi, dans l'intérêt d'une société privilégiée, autorise l'immobilisation des actions; ainsi, un acte du gouvernement du 16 janvier 1808 a immobilisé les actions de la Banque de France, les a rendues susceptibles de priviléges, d'hypothèques, enfin les a soumises aux mêmes conditions que les immeubles.

L'administration de l'enregistrement a prétendu que lorsqu'un associé apporte un immeuble dans le fonds social, il n'y a pas lieu au paiement du droit de mutation au moment de cet apport; que ce n'est qu'à la dissolution de la société, lorsque l'apport redevient immeuble, qu'il y a lieu de percevoir ce droit. Le droit de perception, droit fort léger, s'il se paie au moment de l'apport, ce qui explique cette prétention exorbitante de toute législation sainement entendue, ne peut naître que lors de la cession de l'immeuble à la société, qui comme être moral en acquiert la propriété.

Une dernière prétention de la régie de l'enregistrement est que le caractère donné à l'action par l'article 529, ne peut lui être attribué lorsque l'immeuble mis en commun, compose à lui seul tout l'actif social. En présence de l'article 537, et des expressions très-précises de l'article 529 un pareil système est inadmissible.

§. 2. *De la forme des actions, des droits et des obligations attachés à leur possession.*

L'action est nominative ou au porteur; ce sera ou une incription faite sur les registres de la société, pour l'exploitation de laquelle elle a été créée, ou un titre qui sera remis entre les mains de l'actionnaire. La forme n'a rien de sacramentel, et il peut y avoir dans la même société des actions de ces deux espèces; les statuts portent même habituellement que les actions nominatives peuvent être converties en actions au porteur et réciproquement.

Le propriétaire d'actions commerciales ou industrielles a le droit de recueillir une part du bénéfice proportionnée au montant de ses actions et de plus, quelles que soient la forme et la nature des sociétés dont le capital est représenté par des actions, droit de délibération sur les matières qui touchent à la prospérité de l'entreprise, pourvu toutefois que, s'il s'agit d'une association en commandite, les délibérations ne constituent pas d'engagement personnel et direct avec le public. Ajoutons que l'actionnaire qui n'a compromis sa qualité par aucun acte ne perd et ne peut, si l'entreprise tombe en ruines, perdre au-delà du prix que coûtent ses actions. Rien n'empêche, à moins de stipulations contraires insérées aux statuts, qu'il ne fasse des actions dont la propriété lui est acquise, l'objet de transactions de toute nature, pourvu que ces transactions ne blessent point les lois, l'ordre public et les bonnes mœurs. Il peut les donner, les vendre, les transférer en nantissement, sans que la société puisse apporter d'obstacles à l'exécution de ces contrats. Tous les droits du cédant passent au cessionnaire à titre onéreux ou gratuit; il suffit de l'accomplissement des formalités constatant la transmission pour que le cessionnaire prenne la place du cédant activement et passivement, recueille les bénéfices, supporte les pertes (Cass., 12 ventôse, an x, Sir., t. 7, 2ᵉ partie, p. 770).

Une autre conséquence forcée du même principe est que le propriétaire d'actions, en les transférant à un tiers, ne peut exonérer le cessionnaire, le dispenser de la contribution aux dettes de la société; il n'est pas possible de dépouiller l'être moral des garanties qu'il trouve dans les actions, de ne lui laisser qu'une action contre le débiteur originaire, sinon désespérée, au moins d'un résultat douteux; cela ne peut être. A toute époque, en toute circonstance, la société aura la faculté d'exiger du porteur de l'action, quel qu'il soit, l'accomplissement des obligations dont les bénéfices éventuels de l'entreprise sont la compensation. L'exercice des droits inhérens à la possession de l'action est subordonnée au paiement de la somme que l'action représente. La première obligation de l'actionnaire est de satisfaire au principal engagement qu'il a contracté; s'il ne l'a fait, il ne transmet que des droits résolubles ou viciés; aussi est-il d'usage de stipuler que si le prix de l'action n'a été immédiatement payé, l'actionnaire en retard sera, dans un certain délai, déchu de ses droits sans pouvoir répéter ce qu'il a versé dans la caisse

de l'entreprise, clause pénale très-licite, qui devient une nécessité lorsque les actions sont au porteur. La difficulté de retrouver les actionnaires occasionnerait des frais énormes, absorbe-
rait un temps infini; quoi de plus juste que l'actionnaire qui
veut conserver son droit, remplisse ses obligations, paie à l'é-
chéance.

§ 3. *Mode de transmission des actions. Effets de la transmission.*

Ce mode varie selon la forme des actions.

S'agit-il d'actions au porteur, la cession s'opère par la simple
tradition du titre (art. 35). S'agit-il d'actions nominatives, la
cession s'opère par une déclaration de transfert inscrite sur les
registres, déclaration signée du gérant et de celui qui opère le
transfert ou de son fondé de pouvoirs (art. 36).

Si les statuts de la société prescrivaient d'autres formalités, il
faudrait les remplir avec exactitude; le pacte social est la loi
sociale, nul ne peut y porter atteinte.

Au surplus, de quelque manière que soit formée la convention, il suffit que la cession soit libre et volontaire pour recevoir son exécution entière entre le cédant et le cessionnaire; ce
n'est que pour établir les rapports du cessionnaire avec la société que les statuts doivent être rigoureusement observés dans
toutes leurs conditions.

La négociation des actions vendues à la Bourse appartient
exclusivement aux agens de change. Les actions sont des valeurs
commerciales, et à ce titre, c'est aux agens de change d'en pré-
parer et certifier la transmission.

L'effet immédiat de la transmission est de subroger le cessionnaire dans tous les droits et devoirs du cédant. Cependant, rien
ne s'opposerait à ce qu'il fût stipulé dans les statuts que le ces-

sionnaire n'aura pas voix délibérative dans les assemblées ; qu'en cas de vente, les associés originaires auront la faculté de retirer l'action, en en payant le prix : de pareilles stipulations n'ont rien de contraire à la loi.

Lorsque les actions sont au porteur, l'associé qui veut exercer les droits qui en dépendent est tenu de les représenter. La société, être moral, ne doit qu'aux actions ; qui n'a plus ses titres, est sans qualité pour réclamer quoique ce soit ; si l'associé veut justifier de sa qualité d'actionnaire, qu'il représente ses actions ; il n'existe pas d'autre moyen de constater son droit de propriété (Paris, 22 juillet 1836 ; D. 37, 2, 19).

Si pourtant l'actionnaire apportait la preuve qu'il a été dépouillé par un vol, et s'il offrait de donner à la société des garanties suffisantes pour le cas où les actions volées seraient représentées, la raison, l'équité, demandent qu'il lui soit remis des titres nouveaux. Le système contraire n'aurait d'autre résultat que de conférer à la société le produit éventuel du vol (Cass., 15 novembre 1841 ; D. 42, 1, 18).

Le défaut de déclaration au gérant de la transmission des actions que l'actionnaire aliène, n'altère pas l'effet du contrat. Une pareille formalité, bien que prescrite par la convention, n'est pas substantielle ; la loi n'interdit d'ailleurs, en aucun cas, le mode de transfert des actions. La Cour de Paris l'a ainsi jugé dans une espèce où un commanditaire avait cédé des actions sans notification au gérant (Paris, 14 février 1833 ; D. 32, 2, 123).

La remise du titre suffit seule pour transmettre à l'acquéreur tous les droits de l'associé qui vend ; d'où il suit :

Que la signification imposée par les articles 1689 et 1690 du Code civil, de tous actes portant cession de créances, de droits ou d'actions, n'est pas applicable à la cession d'actions au porteur dans les sociétés en commandite ou dans les sociétés anonymes ; que le cessionnaire est définitivement investi des droits du cédant, sans que ce dernier ou ses créanciers puissent détruire l'utilité de la convention, sous prétexte que la signification du transport n'a pas été faite.

§ 4. *Extinction des actions. Juridiction relative aux actions.*

Les actions s'éteignent par la perte de la chose sociale, par la liquidation de la société, par le non-accomplissement des conditions imposées à l'actionnaire. Les tribunaux de commerce et les arbitres, selon l'occurence, connaissent des difficultés que peut engendrer la possession d'actions. Commerçant ou non commerçant, quelle que soit la position de l'actionnaire, quelque éloigné qu'il paraisse des habitudes commerciales, dès qu'il a pris un intérêt dans une société de commerce, d'industrie ou de finance, il devient justiciable des tribunaux exceptionnels, des arbitres, si le litige existe entre les membres de la société, des tribunaux de commerce, s'il s'agit de prétentions élevées par des tiers contre la société, ou contre quelques actionnaires individuellement.

DE LA SOCIÉTÉ EN COMMANDITE PAR ACTIONS.

Dans le principe, on appelait *commande* ou *commandite* toutes les sociétés dans lesquelles on confiait des fonds à un associé pour les faire valoir et en partager les gains. Au moyenâge la commande était fort usitée, non-seulement dans le commerce de mer, mais encore dans le commerce de terre ; les

statuts de Pise et de Florence la considèrent comme une association; il en est parlé dans ceux de Marseille et de Gênes. Son
caractère légal dans toute cette période est de ne pas avoir de
raison sociale, elle laisse les tiers dans l'ignorance du nom du
commanditaire, et n'agit au dehors que sous le nom du marchand
commandité, appelé complimentaire.

En Angleterre, la commandite est inconnue. Les fortunes y
sont grandes, ce contrat devenait inutile. En France, où les
petites fortunes sont les plus nombreuses, il devenait nécessaire
au développement de l'esprit d'association auquel il a imprimé
l'essor le plus rapide. Nous voyons le contrat de commande s'é-
tendre et grandir avec l'accroissement du commerce terrestre,
l'usage, les nécessités du commerce, dépasser les formules du
jurisconsulte; il prend un nom social, divise son capital en actions, se soumet à une certaine publicité, admet la solidarité et
la contrainte par corps contre les gérans et associés jusqu'à concurrence du capital social et au prorata de leur intérêt pour le
surplus.[1]

Tel était le système de la société en commandite, lors de la
rédaction du Code de commerce; ce système, le Code l'a accepté
en l'épurant; il a laissé la commandite accéder à la société collective, se combiner avec elle, marcher sous une *raison sociale;*
il a exigé la publication, qu'elle n'associe que des négocians, ou
qu'elle unisse des commerçans et des non-commerçans, et l'a
forcé à faire connaître les sommes formant le capital social, à
taire les noms des commanditaires; il condamne ces derniers
à l'inaction et les punit par la solidarité d'un seul fait d'immis-
ciation dans la gestion.

La société en commandite se contracte entre un ou plusieurs

---

[1] Edit de Louis XIV, de mai 1.686, portant création et règlement d'une
compagnie pour les assurances et grosses avantures de France.

associés responsables et solidaires, et un et plusieurs associés simples bailleurs de fonds, que l'on nomme commanditaires ou associés en commandite. Elle est régie sous un nom social, qui doit être nécessairement celui de un ou de plusieurs des associés responsables et solidaires (art. 23).

Il y aura donc dans la société deux classes d'*associés respon-sables* :

1° Les gérans, ils sont *procuratores in rem suam*, ils ont reçu *procuration* pour gérer leurs affaires et celles de leurs associés : ils sont créanciers des commanditaires et le contrat en main, les forcent à l'exécution de leurs obligations;

2° Les responsables et solidaires qui ne gèrent pas.

Il pourrait n'y avoir qu'un seul responsable en nom, et dans ce cas il n'y aurait pas de *raison sociale*, ou plutôt le nom de ce responsable serait la raison sociale. Quand il y a plusieurs associés solidaires et indéfiniment responsables, il y a société en nom collectif, jointe à la société en commandite et non pas deux sociétés distinctes, comme l'énonce l'article 24.

Si un commanditaire laissait insérer son nom dans la raison sociale, il serait commerçant malgré toute clause contraire. Il a livré son nom à la confiance du public, il est associé pur et simple, solidaire; c'est la sanction pénale de l'article 25.

Les commanditaires ont bien le droit de surveiller l'exécution du contrat, mais toute espèce de gestion leur est interdite d'une manière absolue. Le moindre acte de gestion oblige l'actionnaire solidairement, en fait un associé en nom collectif, et cette responsabilité rigoureuse l'atteindrait alors même qu'il ferait les affaires de la société comme simple mandataire du gérant. [2] Il n'existe qu'une seule modification à ce principe, en faveur des sociétés pour la course maritime. Tous les associés y sont com-

---

[2] Avis du conseil d'État du 29 avril 1809, Sir. 9, 2, 38.

manditaires et leurs obligations sont limitées à leur intérêt, sans que ceux qui se mêleraient de l'armement, direction ou administration, soient indéfiniment responsables (art. 1" de l'acte du gouvernement du 21 mai 1803).

De ce que la gestion est interdite à l'actionnaire, il ne faut pas conclure qu'il ne puisse vendre à la société, ou acheter à la société; il agit comme tiers, il a des intérêts opposés à ceux de la société, ce sont ses intérêts propres qu'il gère.[3]

Le commanditaire actionnaire peut intervenir, inspecter les écritures, vérifier les opérations. Il a le droit de provoquer la dissolution de la société, si la gestion est frauduleuse; comment s'en assurerait-il, comment demander la réparation d'erreurs commises, s'il ne lui était permis de les rechercher?

Il ne compromet pas sa qualité d'actionnaire en assistant aux assemblées où se discutent les affaires de la société; il peut prendre une part active aux délibérations, sans que l'action du gérant en souffre, ces délibérations auraient-elles pour objet de modifier le statut social.[4]

Cependant si par la combinaison des statuts de la société les commanditaires s'étaient réservé la gestion, il en serait autrement.[5]

M. Pardessus a parfaitement défini le caractère véritable de la prohibition que contiennent les articles 27 et 28 :

«On n'interdit au commanditaire que les actes de gestion et «non le concours aux délibérations de la société, même à celles «qui auraient pour but ou d'en approuver les opérations ou «d'en autoriser les engagemens, de sorte que le commanditaire «a intérêt et droit d'y concourir. Tout ce qu'il faut, *c'est qu'il*

---

[3] Arrêt de la Cour de Bordeaux, du 16 avril 1832 ; D. 39, 2, 239.

[4] Paris, 23 juillet 1828 et 16 novembre 1841 ; D. 28, 2, 240.

[5] Paris, 28 juillet 1830.

« *n'agisse et ne traite jamais avec les tiers*, que ceux-ci ne soient
« pas fondés à induire de sa conduite qu'il faisait les affaires de
« la société; qu'en un mot le droit d'agir pour la société n'ap-
« partient qu'aux associés responsables et solidaires, sauf le
« droit du commanditaire contre eux, s'ils avaient enfreint
« quelques conditions particulières de leur association. »

Le but de cette interdiction est d'empêcher que les tiers ne
soient trompés sur les ressources de la société. L'effet doit cesser
avec la cause : aussi, après la dissolution de la société, rien ne
s'oppose à ce qu'ils concourent à la liquidation. [6]

Le commis d'une maison de commerce ne peut souscrire des
actions dans la maison où il travaille, à moins de renoncer à la
gestion des affaires de son patron. La Cour de Paris a jugé le
contraire par arrêt du 26 mars 1840; le tribunal de commerce
de la Seine a, par de nombreux jugemens, consacré la même
solution. C'est une violation flagrante de la loi. L'article 27 est
absolu ; le commanditaire doit rester en dehors de l'action sociale. Il pourrait bien avoir part dans les bénéfices de la société,
cela lui tiendrait lieu d'appointemens : ce ne serait plus, dans
ce cas, qu'un mandataire salarié.

L'immixtion d'un actionnaire dans la gestion est une fraude,
une infraction à la loi : d'où il suit que les tiers seront fondés
à en apporter la preuve par témoins.

L'actionnaire qui a fait un acte de gestion est déclaré débiteur solidaire. Cette responsabilité indéfinie s'étendra-t-elle à
tous les engagemens passés, présens et futurs de la société, ou
l'actionnaire ne sera-t-il tenu que pour le seul fait d'immixtion ?
La loi a dû se montrer sévère ; la solidarité s'étendra à toutes

[6] Paris, 13 février 1829; Bordeaux, 20 août 1839; D. 29, 2, 167 ;
D. 40, 2, 44.

les dettes de la société, quels qu'en soient la date et l'objet ; sa position sera la même que celle des associés en nom collectif.

Cette solution est juste, mais ne doit recevoir d'application qu'à l'égard des tiers. Pour avoir fait un acte de gestion, l'actionnaire n'est pas l'associé solidaire des associés solidaires. S'il avait payé plus qu'il ne doit, il aurait son recours contre la société (art. 1216, C. civ.) pour se faire indemniser ; il est subrogé aux droits des créanciers qu'il a payés (art. 1251, C. civ.). Il y a présomption que l'actionnaire n'a fait acte de gestion que dans l'intérêt de la société et parce qu'il y a été autorisé par le gérant ; c'est au juge d'apprécier les circonstances, et dans le doute, la solution doit être contraire à l'associé commanditaire, car *gestion* et *commandite* sont deux choses incompatibles ; la gestion est la plus énergique renonciation d'un actionnaire à sa position de commanditaire, et la renonciation est, en général, indivisible dans ses effets.

Ces principes et ces distinctions nous serviront à résoudre la question suivante : Les effets de l'immixtion sont-ils tellement absolus que, si le patrimoine du commanditaire ne suffisait pas au paiement des dettes sociales, il puisse être déclaré en état de faillite.

Nous ne saurions admettre le système de M. Pardessus et supposer l'existence simultanée, chez un même individu, de deux qualités qui s'excluent, la qualité d'associé collectif et la qualité de commanditaire. Dire que l'associé commanditaire qui a perdu sa position, en conserve encore la prérogative, qu'il ne devient pas négociant, sujet à la faillite, c'est admettre le concours de deux qualités contraires, une chose légalement impossible ; l'article 28 déclare, avec toute l'énergie possible, que la qualité est indivisible, et que désormais c'est l'article 22 qui régit le commanditaire.

Le privilége de l'associé commanditaire de ne participer aux pertes que jusqu'à concurrence de sa mise, est une exception au Droit commun; il ne suffit donc pas de prendre la qualité de commanditaire, de demeurer étranger à l'exploitation de la société; l'abstention de gestion n'est pas caractéristique de la commandite, l'exclusion de la gestion ne répugne pas davantage à la société collective; il faut de plus que cette qualité s'appuie sur des clauses précises, évidentes.

La première obligation de l'actionnaire est de payer le montant de ses actions; mais s'il manquait à ce devoir, les créanciers de la société pourraient-ils, quand elle subsiste encore, le poursuivre directement?

Sous l'ordonnance de 1673, Pothier écrivait qu'au gérant seul, quand la mise n'avait pas été fournie, appartenait le droit de la réclamer; Casaregis avait émis la même opinion. Jousse et Savari donnaient l'action directe aux tiers. La Cour de cassation jugeait le 28 germinal an XII sur les conclusions de Merlin, que l'actionnaire en retard de payer sa mise était soumis à l'action directe des créanciers sociaux. MM. Pardessus et Delvincourt embrassent la même doctrine, parce que, disent-ils, les créanciers ont intérêt à se faire payer; mais il ne suffit pas d'avoir un intérêt, il faut avoir une action : l'action dérive d'une obligation, et les obligations n'ont d'effet qu'entre les parties contractantes.

Est-ce que les commanditaires ont contracté avec les tiers? Si la loi eût voulu donner aux tiers une action directe contre les actionnaires, elle eût exigé la publication de leurs noms; elle les cèle et ne montre que ceux des associés responsables. *Res inter alios acta neque prodest, neque nocet.*

Les Cours de Paris [7], de Grenoble [8], d'Aix [9], de Rouen[10],

[7] 23 février 1833.

[8] 18 mars 1840.

[9] 10 mars 1820 — 20 juillet 1840.

[10] 21 décembre 1841

adoptant l'interprétation de Merlin, ont décidé qu'en cas de faillite, les syndics pouvaient poursuivre directement l'actionnaire devant le tribunal de commerce, sans qu'il pût repousser la demande en paiement, par des exceptions tirées de la personne du gérant.

La faillite rend les créances exigibles, dessaisit le failli et fait passer à la masse représentée par les syndics l'administration de ses biens et l'exercice de ses actions : il n'y a pas d'autre changement. Est-ce dans un droit propre aux créanciers que les syndics puisent contre les commanditaires une action en versement du montant de leur intérêt dans la société? Ce droit n'existait pas avant la faillite ; est-ce la faillite qui fait naître l'action ? Non encore ; son seul effet est de transporter à la masse les droits du failli, elle n'en crée pas de nouveaux. La loi fait-elle une exception en matière de commandite? Nulle part que je sache! C'est le contrat intervenu entre la société et le commanditaire qui donne naissance à l'action exercée par les syndics.

La faillite ne change en rien le fond du droit ; avant comme après la faillite, le créancier non payé avait un moyen indirect de contraindre le commanditaire à verser sa mise comme exerçant les droits de son débiteur en vertu de l'article 1166 du Code civil ; mais l'action n'est pas directe et la différence est importante. Traduit devant le tribunal de commerce, l'actionnaire ne pourrait faire valoir les exceptions qu'il eût pu opposer au gérant, tandis que dans ses rapports avec les gérans, il ne relève que de la juridiction arbitrale et peut leur opposer toutes exceptions résultant d'actes intervenus depuis la formation de la société. C'est ce que démontre une saine interprétation des textes : il suffit de lire.

L'actionnaire est un simple *bailleur de fonds*, qui n'est pas *responsable* (art. 23). Comme *bailleur de fonds* il est tenu de verser dans la caisse sociale le montant de son intérêt. *Comme non responsable*, les créanciers ne peuvent avoir d'action directe contre lui. Dans le système contraire on le greverait d'une responsabilité limitée envers les tiers.

L'associé commanditaire n'est passible des *pertes* que jusqu'à concurrence des fonds qu'il a mis ou *dû mettre* dans la société (art. 26).

A qui appartiendra-t-il d'exercer une action à raison des *pertes?* Aux créanciers; quand un créancier demande le paiement de ce qui lui est dû, il n'a pas besoin de prouver que la société est en perte : Le bon sens et la grammaire se refusent à une pareille interprétation. A un coassocié donc, au gérant seulement le droit d'exercer l'action établie par l'article 26, qui n'est qu'une application de l'article 1845 du Code civil.

Chaque associé est débiteur envers la société de tout ce qu'il a promis d'y apporter.

Le nom d'un associé actionnaire ne peut faire partie de la raison sociale (art. 25).

L'associé commanditaire ne peut faire aucun acte de gestion, ni être employé pour les affaires de la société, même en vertu de procuration (art. 27).

L'extrait des actes de société doit contenir les noms, prénoms, qualités et demeures des associés autres que les actionnaires ou commanditaires (art. 43).

Ainsi, nulle relation possible entre les tiers et les commanditaires. La loi exclue toute obligation directe des actionnaires envers les créanciers, et ce qui le démontre jusqu'à la dernière évidence, c'est que l'article 38 a permis de diviser en actions le capital des sociétés en commandite, actions qui peuvent être *au porteur*, ainsi qu'il a été jugé dans l'affaire de la société Armand-le-Comte et compagnie; qu'il ajoute : *sans aucune autre dérogation aux règles établies pour ce genre de société.* L'action directe serait impossible dans la société divisée par actions, et on la permettrait dans la commandite ordinaire ! c'est vouloir établir des contre-sens dans la loi, et sauf la division rien n'est changé dans le cas prévu par l'article 38.

La doctrine que nous venons d'exposer a été confirmée par arrêt du 24 août 1833 de la Cour royale de Paris (première chambre).

Le commanditaire qui n'a pas versé sa *mise* est-il contraignable par corps? (arrêts affirmatifs de la Cour de Grenoble, du 18 mars 1840, et d'Aix, du 22 juillet même année) par ce motif: que l'obligation de réaliser un apport dans une société de commerce est essentiellement commerciale.

Ceux-là seuls sont commerçans, qui exercent des actes de commerce et en font leur profession habituelle; que la société en commandite soit commerciale et par sa forme et par son but, rien de plus vrai; que la *promesse* d'y verser une certaine somme soit un fait commercial, c'est ce qui est inadmissible. Les articles 632 et 633 sont limitatifs. Peut-on rattacher à l'un des actes qu'ils ont si scrupuleusement définis, la *promesse* de verser en qualité d'actionnaire une somme d'argent dans une société commerciale? Le commanditaire n'est *qu'un simple bailleur de fonds*. Il promet de l'argent pour faire le commerce, mais personnellement il ne le fait pas (C. de Paris, 28 mai 1842).

La gestion appartient aux associés solidaires et indéfiniment responsables; il est juste que les noms placés dans la raison sociale soient ceux de personnes associées avec les commanditaires, que des personnes étrangères à l'association ne puissent en être les gérans, que la direction exclusive des opérations pèse sur ceux qui doivent en porter le poids.

Si les statuts n'avaient pas déterminé les pouvoirs du gérant, il a le droit de faire tous les actes d'administration, toutes les opérations qui se rattachent à la société[11]; mais il ne saurait sans autorisation spéciale aliéner les immeubles sociaux, ni les hypothéquer, ni transiger, ni même compromettre. Et dans le cas où la faculté de transiger résulterait de la convention sociale, la transaction ne vaudrait, qu'autant qu'elle aurait porté sur un procès concernant exclusivement la société. Toute transaction sur des faits personnels au gérant, ne lierait pas la société, bien que ces faits se rattachassent à la société (Cass., 12 avril 1842).

Si le gérant appliquait à ses affaires personnelles les fonds sociaux, les associés seraient recevables à le poursuivre devant les tribunaux de répression comme mandataire infidèle, sans préjudice de l'action civile en reddition de compte, et de la contrainte par corps pour le paiement du reliquat. La Cour de Rouen a décidé, par arrêt du 18 mars 1842, que le mandataire infidèle à ses engagemens, commet l'abus de confiance prévu par l'article 408 du Code pénal. La Cour de cassation a consacré l'opinion contraire, par arrêt du 15 janvier 1842, par ce motif, que le gérant ne saurait être assimilé à un mandataire. C'est une erreur manifeste. La Cour de cassation ne s'est attachée qu'à la forme, il lui fallait aller au fond des choses, et comme au fond, le gérant n'est qu'un agent, qu'il est obligé de rendre compte, ce qui caractérise le mandat, on lui appliquera la loi pénale.

L'actionnaire simple bailleur de fonds n'est tenu que de verser le montant de son action représentant sa mise dans le capital social; mais s'il ne doit rien au-delà de sa mise, sera-t-il également dispensé de rapporter dans la caisse de la société, les dividendes qu'il a reçus, lorsqu'à l'expiration du contrat l'actif n'équipolle pas au passif? Il est conforme à la nature de la société en commandite, que l'associé commanditaire ne rapporte

[11] Paris, 26 juin 1841; D. 41 ,2 , 50 ; Cass., 21 avril 1841 ; D. 41, 1 , 222.

pas les bénéfices qu'il a reçus de bonne foi, et dès lors la seule question qui puisse s'agiter est la question de bonne foi. Il y aura bonne foi, si au moment de la repartition des dividendes, tous les faits attentivement examinés, les bénéfices accusés par le gérant ont dû paraître réels.[12]

C'est, il faut l'avouer, une déviation du principe de droit, qui par suite de l'assimilation des fruits au capital, les soumet à la même règle, comme les parties d'un même tout, déviation qui a sa cause et sa justification dans le danger d'enlever aux sociétés en commandite le concours des capitalistes qui, certes, ne voudraient pas prendre part à des conventions qui les soumettraient à rapporter un dividende reçu et consommé de bonne foi.

Outre sa part dans les bénéfices, l'actionnaire peut stipuler les intérêts du prix de son action, intérêts qui comprendront toujours une partie des bénéfices réalisés. Une pareille stipulation est licite ; intérêts ou dividendes, il n'importe, pourvu qu'ils n'aient pas été anticipés, ne sont pas sujets à rapport.

Le commanditaire peut prêter à la société, et si rien ne prouve qu'il ait voulu être actionnaire pour le montant de la somme fournie en sus des actions prises, cette somme sera considérée comme un prêt. S'il ne peut, en cas de mauvaises affaires de la société, réclamer sa mise, il a droit à la somme avancée au même titre que les autres créanciers, en touche l'intérêt, intérêt légal pourtant, en tout état de cause.

Passons à l'examen d'une importante question, soulevée par l'article 38 et sur laquelle la jurisprudence ne paraît pas encore bien fixée.

Lorsque l'usage eut prévalu, et qu'un grand nombre de so-ciétés en commandite eurent divisé leur capital social en actions au porteur, sans tenir compte de l'incompatibilité enseignée

---

[12] Arr. de la C. de cass. du 14 février 1810 ; Colmar, 4 février 1819.

par MM. Locré et Pardessus, de ces actions avec la nature, l'essence même de cette espèce de société, on agita la question de savoir si elles pouvaient revêtir cette forme.

L'article 38 distingue-t-il entre les actions nominatives et les actions au porteur? l'essence de la société en commandite est-elle contraire à l'admission des actions au porteur? le texte, l'esprit du Code de commerce condamnent ils ces actions?

Le texte! où est cette disposition prohibitive? l'esprit! qui, plus que le commerce, a besoin d'être libre dans ses allures? Et cet esprit voudrait comprimer un système que l'industrie a depuis si longtemps adopté comme éminemment favorable au mouvement des affaires.

Est-ce qu'il est de l'essence d'une société même civile que les sociétaires s'unissent en considération de leurs personnes respectives? Et il sera de l'essence d'une société en commandite que les sociétaires se connaissent, s'agréent, quand le capital de cette société peut être divisé en actions nominatives, dont le caractère est d'être éminemment cessibles.

Il est d'usage constant de ne délivrer de titre d'action au commanditaire que lorsqu'il a payé sa mise intégrale; qu'importe donc que celui qui s'est libéré transmette son titre à des porteurs inconnus? que fait aux coassociés, aux gérans, qu'un anonyme vienne prendre sa place? que fait aux tiers la substitution? l'associé n'a-t-il pas libéré son action? C'était sa part de garantie offerte au public, il l'a réalisée, il est quitte. Et quand bien même le paiement des actions aurait été divisé en plusieurs termes, la cession fait-elle disparaître l'obligation du souscripteur primitif de payer la valeur intégrale des actions qu'il a prises? Son nom n'est-il pas connu, retenu dans les livres de la société, apposé au bas d'un écrit qui le lie?

La preuve de l'immixtion est-elle impossible? n'a-t-on pas tous les moyens de justification que la loi autorise : les livres, la correspondance, la notoriété publique, les aveux, le serment, la participation aux bénéfices, la réception des intérêts, les interrogatoires sur faits et articles? Toutes ces voies sont ouvertes aux tiers; qu'ils en usent, il ne leur est pas défendu d'y recourir.

Sans doute, la création d'actions au porteur dans les sociétés en commandite peut affaiblir la prohibition de l'immixtion; mais elle ne la détruit pas. S'il y a dérogation à la sévérité de l'article 28, l'article 38 l'autorise expressément. Il admet évidemment cette dérogation, en n'autorisant aucune autre dérogation aux règles des sociétés en commandite. Cette doctrine a été confirmée par deux arrêts de la Cour de Paris du 7 février 1832 [13] et du 14 février 1833. [14]

L'article 14, titre 2 de la loi du 25 mai 1791, défend d'établir aucune entreprise par actions pour la mise en œuvre des brevets; le décret du 25 novembre 1806 (art. 1) substitue à cette prohibition une faculté restreinte et autorise les sociétés par actions sous la condition expresse que le gouvernement y donnera son assentiment; ces dispositions sont-elles contraires à la validité d'une société en commandite par actions pour l'exploitation d'un brevet d'invention? la négative a été proclamée par deux arrêts de la Cour de Paris du 15 juillet 1839 et 27 mai 1840. [15]

Le gérant d'une société en commandite, formée par actions, peut-il valablement souscrire pour une partie quelconque du fonds social déterminé par les statuts?

Ce qu'il importe au public, c'est que le capital déclaré soit complet; qu'il soit formé en partie des fonds du gérant, il importe peu : il n'y a pas d'inconvénient à ce que la fortune du gérant se confonde en partie dans le fonds de commandite. Si

[13] D. 32, 2, 107.
[14] D. 32, 2, 123.
[15] D. 40, 2, 18 et 223.

les biens et la personne du gérant sont affectés à la sûreté des créanciers, il n'en conserve pas moins la disposition de sa fortune; il aurait pu la dissiper, il en a consacré une partie à un achat d'actions. Qu'a-t-il fait de plus, qu'user de son droit?

Il en résulte qu'en cas de faillite, les créanciers n'ont aucune action contre les commanditaires qui auraient exigé l'acquisition d'actions par le gérant, pour les forcer à verser dans la caisse sociale une somme égale à ces actions. Constamment dans les grandes entreprises commerciales, on a exigé du gérant qu'il fût propriétaire d'un certain nombre d'actions, qu'il engageât ainsi plus directement sa fortune, et en l'exigeant, on n'a pas blessé les principes.

§ 1ᵉʳ. *Comment doit être constatée la société en commandite?*

On ne peut admettre, en matière de société commerciale, les dispositions de l'article 1834 qui permettent la preuve de l'existence de toute société, dès qu'il y a un commencement d'écriture qui puisse appuyer des témoignages oraux.

L'article 39 veut que les sociétés en commandite soient constatées par des actes publics ou sous signature privée, en se conformant, dans ce dernier cas, à l'article 1325 du Code civil. Ainsi, pour qu'une société en commandite ait une existence légale, il faut un contrat littéral, c'est une condition essentielle; toute société en commandite que ne constitue pas un écrit, est nulle à l'égard des associés, nulle à l'égard des veuves et héritiers.[1]

Mais les tiers sont dans une position différente. On ne leur peut imputer la négligence des associés; il convient donc qu'ils

[1] Paris, 1836, affaire Grassière-Maupassant, arrêt inédit.

puissent, lorsque les parties dénient la société, la prouver tant par témoins que par leurs livres et correspondances, par des présomptions même : ce serait blesser l'équité que de les punir d'une faute qui ne leur appartient pas. [2]

Au surplus, la preuve de la société doit reposer sur des faits personnels à celui contre qui elle est dirigée. Le juge a l'appréciation souveraine des faits, et quelque usage, quelque abus, qu'il fasse de son droit, ses décisions n'encourent point la censure de la Cour de cassation.

Si la société est constatée par acte public, l'acte, pour être valable, doit être conforme à la disposition de l'article 1317 du Code civil et s'il perd les avantages de l'authenticité par l'incompétence ou par l'incapacité de l'officier public, signé de toutes les parties, il vaut comme écriture privée.

Si la société est constatée par un acte sous seing-privé, l'acte n'est valable qu'autant qu'il a été fait en autant d'originaux qu'il y a de parties ayant un intérêt distinct, et que chaque original contient la mention du nombre des originaux qui ont été faits. Il suffira donc que deux originaux aient été faits, l'un pour les gérans, l'autre pour les commanditaires (arrêt de la C. de cass., 20 décembre 1830 ; D. 31 , 1 , 26).

Si le nombre des originaux n'avait pas été mentionné, la nullité est couverte par l'exécution donnée à la convention (Colmar, 20 janvier 1829 ; D. 29, 3, 78 ; Cass., 1er mars 1830 , Sir., xxx, 1, 83).

Une exception aux principes que nous venons d'exposer, tirée d'une disposition expresse de l'article 854, est, que si la société avait été formée entre un père et l'un de ses enfans, elle ne serait

[2] Lyon, 30 juin 1827 ; D. 28 , 2 , 75 ; Rouen, 9 avril 1842 ; Bordeaux, 15 juillet, 14 décembre 1840 ; D. 40, 2 , 210 ; D. 41 , 2 , 205 ; Cass., 23 novembre 1812.

opposable aux autres successibles qu'autant qu'elle aurait été
consignée dans un acte authentique (Cass., 26 janvier 1842).[3]

§ 2. *Publicité prescrite pour la société en commandite* (art. 42).

Il ne suffit pas que la société en commandite soit rédigée par
écrit, il faut de plus que l'extrait des actes de cette société soit
remis dans la quinzaine de leur date au greffe du tribunal de
commerce de l'arrondissement dans lequel est établie la maison
du commerce social, pour être transcrit sur le registre et affiché
pendant trois mois dans la salle des audiences.

Si la société a plusieurs maisons de commerce, situées dans
divers arrondissements, la remise, la transcription et l'affiche
de cet extrait seront faites au tribunal de commerce de chaque
arrondissement.

Chaque année, dans la première quinzaine de janvier, les
tribunaux désigneront au chef-lieu de leur ressort, et à leur
défaut, dans la ville la plus voisine, un ou plusieurs journaux
où devront être insérés, dans la quinzaine de leur date, les
extraits d'actes de société en commandite, et régleront le tarif
de l'impression de ces extraits.

Il sera justifié de cette insertion par un exemplaire du journal, certifié par l'imprimeur, légalisé par le maire et enregistré
dans les trois mois de sa date.

L'ordonnance de Roussillon de 1563 sous Charles IX (art. 38)
et celle de Blois de 1579 sous Henri III (art. 357) furent les
premiers actes du législateur qui songèrent à régulariser la
forme des actes de société, en déclarant que le défaut d'enregistrement aux bailliages et sénéchaussées enlèverait aux associés
toute action l'un contre l'autre. Cette ordonnance (celle de

[3] Sir., 1842, 1, 114.

Blois) ne s'occupait que des sociétés formées par les étrangers. La célèbre ordonnance de janvier (art. 414) étendit l'article 358 de l'ordonnance de Blois, touchant la publication des associations entre marchands et désistemens d'icelles à tous les sujets du royaume de France.

Ces dispositions ne furent exécutées qu'avec mollesse ou ne le furent pas du tout.

Les abus se prolongèrent donc et c'est pour y remédier que l'ordonnance de 1673, en reproduisant l'article 358, y ajouta une rigueur nouvelle. Les articles 2 et 6 portaient :

Article 2. « L'extrait des sociétés entre marchands et négociants «sera registré au greffe de la juridiction consulaire, le tout à «peine de nullité des actes et des contrats passés, tant entre les «associés qu'avec leurs créanciers et ayans cause. »

Article 6. « Les sociétés n'auront d'effet à l'égard des associés, «leurs créanciers et ayans cause, que du jour qu'elles auront été registrées et publiées. »

Il en fut de cette ordonnance comme des précédentes. Savary, Bornier, Jousse, Pothier attestent que dès sa naissance elle était tombée en désuétude.

Le Code de commerce a mis fin à tous ces caprices du négoce qui ne demandait des règles que pour s'en affranchir, et pour assurer la publicité des associations, il revint à l'ordonnance de 1579 et exigea l'accomplissement des formalités prescrites, à peine de nullité à l'égard des intéressés, sans que le défaut d'aucune d'elles pût être opposé à des tiers par les associés.

Un décret du 18 février 1814 prescrivit en outre que dans le délai de l'article 42 et sous la même peine on insérât l'extrait des sociétés en commandite dans les affiches judiciaires et dans le journal du commerce du département où la société serait située. Un arrêt de la Cour de cassation, chambres réunies, 3 mars 1832, a déclaré ce décret inconstitutionnel et non obligatoire ; mais la précaution était utile, reposait sur des motifs sérieux, une loi du 31 mars 1833 formula définitivement la pensée du législateur, rendit l'insertion également nécessaire, et pour les actes constitutifs des sociétés et pour les changemens apportés dans leurs statuts, et exigea de plus que le numéro du journal contenant l'extrait fût enregistré dans les trois mois de sa date, le tout à peine de nullité.

De ce qui précède, il découle : que toutes ces dépositions doivent être littéralement suivies, qu'elles ne peuvent se couvrir par l'exécution volontaire de l'acte de société ; les lois qui prononcent des nullités n'admettent pas de tempérament. [1]

Mais par cela même qu'elles sont plus rigoureuses, il faut en restreindre l'application aux cas prévus et se garder des excès (Paris, 24 décembre 1842). [2]

Si deux journaux avaient été désignés, il suffirait que la publication eut été faite dans un seul ; il suffirait encore que l'exemplaire qui contient l'insertion fut signé au nom de l'imprimeur par son fondé de pouvoirs (Toulouse, 22 avril 1827). [3]

Si les formalités prévues et définies par l'article 42 avaient été remplies, sans se renfermer dans les délais fixés par la loi, la nullité est-elle tellement absolue que la validité de la société ne puisse être proposée ? (arrêts affirmatifs.) [4]

C'est une rigoureuse application de la loi, mais se justifie-t-elle ? Par une exagération, oui ! Certes, ce n'est pas capricieusement que les formalités de publication ont été exigées. Or, quand

---

[1] Cass., 30 janvier 1839, 39, 1, 91 ; Bordeaux, 5 février 1841, D. 41, 2, 185.

[2] *Gazette des Tribunaux*, 27 décembre 1842.

[3] D. 37, 2, 164.

[4] Lyon, 24 juillet 1827, Sir., XXVII, 2, 183 ; Cass., 30 janvier 1839, Sir. XXXIX, 393, 394.

le but de la publicité est atteint, la nullité n'existe plus, la loi est satisfaite, il n'y a plus de faute à punir, d'intérêt à protéger. L'inobservation du délai n'est que d'un intérêt purement secondaire et le jour où l'action s'intente, il y a une société régulière au fond, valable, inattaquable quant à la forme. Cette doctrine a été consacrée par un arrêt de la Cour de Grenoble du 21 juillet 1823 et par deux arrêts de la Cour de cassation des 12 juillet 1825 [5], et 16 juin 1830. [6]

La nullité, si elle est prononcée, ne frappera que l'avenir; pour le passé il y aura une communauté d'intérêts qu'il faudra liquider, comme si la nullité n'avait pas été prononcée. De nombreux arrêts ont consacré cette interprétation [7].

De cette jurisprudence il faut conclure que, si des difficultés s'élèvent, elles doivent être soumises à la juridiction arbitrale; l'écrit n'est que la preuve que la société existe, le consentement seul la crée; dès lors que le contrat est certain, il doit sortir tous ses effets [8].

L'acte ne régissant que le passé, son autorité ne s'étendant pas au delà, il résulte : que si des arbitres avaient été appelés par une disposition de cet acte à statuer, soit en dernier ressort, soit comme amiables compositeurs, ce pouvoir ne leur serait pas conservé; les contestations ne s'engagent qu'après la nullité pro-

[5] D. a., 12, 111.

[6] D. 31, 1, 316.

[7] Bordeaux, 16 décembre 1829, D. 30, 2, 259; même Cour, 5 février 1841, D. 41, 2, 185; Angers, 17 février 1842, D. 42, 2, 98; Paris, 14 décembre 1825; v. J. pal., t. 2 de 1826, p. 192; Toulouse, 22 avril 1837, D. 37, 2, 164; Montpellier, 9 janvier 1816; D. a., 12, 110; 16 janvier 1841, D. 2, 42, 140, Nîmes, 9 décembre 1829, D. 30, 2, 67.

[8] Cass., 25 juin 1841, D. 41, 1, 275; Angers, 17 février 1842 42, 2, 98.

noncée. L'acte ne peut survivre à cette nullité, la loi remplace la convention et peut seule s'emparer des faits nouveaux pour les régir. [9]

Quand le contrat a été légitimement formé, les créanciers personnels d'un associé ne peuvent distraire aucun des objets de la société; le fonds social est le gage exclusif des créanciers sociaux; mais si la société est nulle, le créancier personnel peut saisir les choses qui sont en la possession de son débiteur, les vendre et s'en attribuer le prix jusqu'à concurrence de sa créance.

La Cour de Paris a fait une sage application de ce principe, en jugeant, le 4 mars 1840, que la femme d'un des associés avait pu valablement saisir sur son mari des objets dépendant d'une société non publiée [10].

Une société nulle pour inobservation de quelque formalité n'a pas plus de passé que d'avenir à l'égard des tiers. Les créanciers de la société peuvent, sans doute, si on la dénie, en apporter la preuve par témoins; mais cette preuve n'a d'effet qu'envers les associés, vis-à-vis des tiers elle n'établit rien; donc, en cas de concours entre les créanciers personnels des associés et les créanciers sociaux, tout créancier, sans distinction, pourra saisir le fonds social, et la réalisation opérée, tous indistinctement viendront au partage du produit par contribution. [11]

Mais il faut que les droits du créancier personnel soient nés au moment de la dissolution de la société (Cass., 16 décembre 1823, D. a., 12, 113).

La société, comme tout autre contrat, est régie par la loi du

9 Cass., 2 juillet 1817, 13 juin 1832, D. a., 12, 110, D. 32, 1, 251, v. Bordeaux, 5 février 1841 ; Montpellier, 16 janvier 1841.

10 D. 40, 2, 143.

11 Montpellier, 24 mars, 1819 ; Cass., 13 février 1821, D. a. 12, 112; Rouen, 15 avril 1839, D. 39, 2; 178.

pays où la convention se passe et s'exécute. Le principe *locus regit actum* a donc reçu une juste application de la Cour de Bordeaux, lorsqu'elle a jugé que les articles 39 et 42 n'étaient pas applicables à la société en commandite, constituée et exploitée par des Français en pays étranger. [12]

Que contiendra l'extrait remis au greffe ?

L'article 43 exige que l'extrait contienne : 1° les noms, prénoms, qualités et demeures des associés autres que les actionnaires ou commanditaires. Ce n'est pas assez de la divulgation des noms des associés-gérans, on portera à la connaissance des tiers tous les noms des associés responsables. L'actionnaire n'y figure pas parce qu'il traite avec le gérant seul, ne s'oblige qu'envers lui, et ne peut être poursuivi que par lui en versement de la somme qu'il a promise; que toute gestion lui est formellement défendue. A quoi bon son nom? les actions ne passent-elles pas chaque jour d'une main dans l'autre? qu'importe au public? ne sait-il pas tout ce qu'il a besoin de savoir?

2° La raison de commerce de la société.

Parce qu'elle personnifie la société, qu'elle est la personne civile qui va se produire, vendre, acheter, emprunter.

3° La désignation de ceux des associés autorisés à gérer, administrer et signer pour la société. Ceci est capital pour le public; il importe qu'il connaisse les associés administrateurs, qu'il sache à qui la signature sociale a été déléguée avec le pouvoir énorme d'engager la société; la formalité est indispensable; si elle était omise, tous les associés responsables seraient réputés gérans, et tous les engagemens souscrits par l'un ou par l'autre de la raison de commerce, obligeraient la société.

4° Le montant des valeurs fournies ou à fournir par actions ou en commandite. La confiance s'attache au capital dont dis-

[12] 9 janvier 1826, D. 26, 2, 181.

pose la société, le public doit savoir non-seulement que les actionnaires doivent *tant*, mais qu'ils ont réalisé la somme *de*. Ce sont les ressources réelles de la société qui serviront de mesure à sa confiance : il faut qu'il puisse s'assurer de ce que le présent a de certain, de ce que l'avenir offre de chances. Frauder cette clause, serait un délit punissable de la peine attachée à l'escroquerie.

5° L'époque où la société doit commencer, et celle où elle doit finir.

Enonciation qui importe : aux tiers, afin que l'emploi de la raison sociale, quand elle n'a plus cours, ne les expose point à la ruine; aux associés, afin que le gérant ne puisse disposer du patrimoine social à leur détriment.

L'extrait doit être signé par les notaires, si l'acte est rédigé en forme notariée, et par tous les associés solidaires ou gérans, s'il est sous seing privé, soit que la société se divise ou ne se divise pas en actions (art. 44).

Si le notaire omettait une des indications prescrites par la loi, il serait responsable envers la société du dommage dont cette omission aurait pu être la source (Cour de Douai du 21 novembre 1820; D. 41, 2, 67).

Si l'acte rédigé sous seing privé avait été déposé dans les mains d'un notaire, et que l'acte de dépôt fut signé de tous les associés solidaires et indéfiniment responsables, la signature et la rédaction de l'extrait appartiendraient également au notaire. Le dépôt rend l'acte authentique, et oblige le notaire de même que si cet acte était son œuvre.

DE LA SOCIÉTÉ ANONYME COMMERCIALE.

La société anonyme, dont le Code de commerce règle la forme, les conditions et les effets, ne doit pas être confondue avec la convention appelée de ce nom sous l'ordonnance de 1673. C'était alors, comme Savary nous l'apprend, la dénomination générique des associations en participation. Ce n'est cependant pas une institution nouvelle, c'est un emprunt fait au passé. Nous voyons en Hollande, en l'année 1602, se former la compagnie des Indes-Orientales par la réunion d'actionnaires, dont la perte, limitée par avance, n'absorbait que le montant de l'intérêt dont ils avaient versé le prix. De la Hollande, les sociétés par actions passent en Angleterre et en France, où la puissance de l'association créa, sous Louis XIV et pendant la régence, ces nombreuses compagnies au succès desquelles il ne manque que de la volonté et de la persévérance.

§ 1*er*. *Règles relatives à la constitution des sociétés anonymes.*

Toute société, dont les membres ne sont que de simples actionnaires, est une société anonyme. Cette qualification ne résulte pas de ce que les opérations doivent rester secrètes, mais de ce que c'est essentiellement une société de capitaux. Le public ne voit personne et ne trouve de sûreté que dans les capitaux. C'est la société en commandite divisée en actions, moins les associés responsables.

Cette société offre la plus grande utilité, en permettant à la médiocrité, à la pauvreté même de prendre part aux chances favorables des spéculations commerciales; elle appelle les petits capitaux pour en former des masses, crée, soutient les vastes entreprises, facilite ces opérations prodigieuses dont les avances sont au dessus de la fortune d'un seul.

Pour prévenir toute fraude, tout abus, la loi a dû veiller à ce que la cupidité ne détournât pas l'institution de son but et ne spéculât pas sur l'ignorance et la crédulité des actionnaires ; aussi, l'autorisation du gouvernement est-elle d'une nécessité absolue pour l'établissement de toute société anonyme, qui, n'offrant point d'associés responsables, ne peut avoir de raison sociale, se qualifie de l'objet de son commerce ou de son entreprise, et prend, à raison de son importance, le nom de *compagnie*, ou la désignation plus modeste de société anonyme, s'il s'agit d'une réunion d'associés moins nombreuse, d'une entreprise moins considérable. Disons-le de suite, cette société est surtout favorable pour les grandes entreprises d'utilité publique ; la commandite, débarrassée de l'autorisation du gouvernement, de cet attirail répulsif, convenait bien mieux aux vives allures de la spéculation privée : aussi, malgré tous les dangers qu'elle présente et que le législateur, après un essai impuissant, semble désespérer de conjurer, jouit-elle de la plus grande faveur dans le monde industriel.

Les autres sociétés veulent des associés responsables ; dans la société anonyme, il n'y a qu'une réunion d'écus ; l'actionnaire peut vendre son action qu'il gère ou qu'il administre : il n'est tenu d'aucune dette sociale au delà de sa mise de fonds. Point d'associés tenus indéfiniment des engagements sociaux, pas de solidarité entre les associés.

Si la société fait faillite, il n'y a pas d'individu failli ; l'actionnaire ou administrateur qui détournerait une partie du fonds social, ne saurait être déclaré *Banqueroutier*. Une société anonyme ne peut se rendre coupable du crime de banqueroute ; un être moral ne peut être traduit en cour d'assises, être passible de peines criminelles ou correctionnelles : il n'y a qu'une simple association de capitaux, et les conséquences de cette fiction vont tellement loin, que la Cour de cassation a reconnu

qu'un notaire pouvait faire valablement des actes pour une société anonyme qui compterait au nombre de ses actionnaires,
ou même de ses gérans, de ses parents au premier degré.

Toutes opérations commerciales sont en général, excepté celles
pour lesquelles ce mode d'exploitation aurait été interdit par
des prohibitions générales ou particulières, susceptibles d'être
l'objet d'une société anonyme.

L'article 14 de la loi du 25 mai 1791 défendait l'exploitation
des brevets d'invention par voie de société anonyme; un acte du
25 novembre 1806 a levé l'interdiction.

§ 2. *De l'administration des sociétés anonymes.*

Les capitaux des sociétés anonymes ont besoin d'être gérés, il
faut charger quelqu'un de cette gestion, et ce qui confirme
l'impropriété de l'expression *société*, appliquée à l'association
anonyme; c'est qu'ici il faut s'écarter des règles du contrat de
société, pour recourir au Code civil, au titre du mandat.

Le gérant de cette société ne sera qu'un simple mandataire
révocable. Les principes du Code civil (art. 1856) ne s'opposent
pas à ce qu'il soit constitué d'une manière irrévocable, mais
l'article 31 du Code de commerce dit d'une manière formelle qu'ils
sont révocables, que la délégation est précaire. Néanmoins, si
les statuts avaient irrévocablement confié l'administration aux
mandataires désignés, si ces mandataires avaient été choisis parmi
les associés, si la clause d'irrévocabilité avait été approuvée sans
modifications par l'ordonnance d'autorisation, comme cette
clause n'a rien en elle-même d'illicite, il faudrait la respecter; ce
qui n'empêcherait pas d'ailleurs que la révocation pût avoir lieu
pour une cause appréciée et jugée.

Le mandat finit par la révocation du mandataire, par la renonciation de celui-ci au mandat, par la mort naturelle ou civile, par l'interdiction du mandataire, par la faillite, soit de la société, soit du mandataire.

Le mandataire de la société anonyme peut ester en justice, et s'il est demandeur, tout se fera à sa requête, et non à celle de la société, dérogation du Code de commerce au principe de Droit commun, que nul ne peut plaider par procureur. Le mandat sera salarié au gratuit; mais que déciderait-on si l'acte constitutif de la société ne mentionnait pas de salaire? D'après le Code civil, le mandataire n'aurait droit à aucune indemnité; mais en Droit commercial, rien n'est gratuit, tout est rétribué, s'il n'y a convention contraire.

Un actionnaire mandataire peut vendre son action et continuer d'administrer la société, à moins que les statuts ne le lui défendent, car la qualité d'actionnaire et celle de gérant sont deux qualités essentiellement distinctes.

Un administrateur actionnaire peut-il être recherché pour détournement de fonds, s'il les a détournés au préjudice de la société?

Il est copropriétaire du fonds social, comment peut-il se rendre coupable d'abus de confiance? La responsabilité des mandataires d'une société anonyme ne va pas au-delà de l'inexécution du mandat; tant qu'ils agissent en leur qualité de mandataires, s'ils passent, contractent des engagements, ils n'obligent que la société et à moins de stipulation contraire, il ne saurait y avoir de solidarité entre les administrateurs pour leurs actes de gestion. Quant à la responsabilité elle-même, il faut distinguer : si le mandataire est actionnaire, s'il ne l'est pas.

Dans le premier cas, l'administrateur comme associé n'est tenu que de la faute grave, *il est procurator in rem suam*, on ne peut exiger qu'il apporte aux affaires de la société plus de soins qu'il n'en apporte à la gestion de ses propres affaires. Dans le second cas, il est soumis à toutes les règles du mandat, et s'il est salarié, il sera plus rigoureusement tenu que s'il gère gratuitement.

Dans l'usage, pour éviter les tiraillements et les lenteurs, on centralise les pouvoirs dans la main d'un directeur ; dans l'usage encore, la société se réunit en assemblée générale pour apurer les comptes, fixer les dividendes à répartir et délibérer ; dans l'usage enfin, on nomme un comité de surveillance permanent, composé d'actionnaires, et dans les sociétés qui ont un grand nombre d'actionnaires, les statuts n'admettent à la nomination des membres de ce comité, que ceux qui ont un certain nombre d'actions, et chaque votant vaut autant de voix qu'il possède d'actions. Aucun autre n'a le droit de s'immiscer dans les affaires sociales, même sous le prétexte que les administrateurs se rendent coupables de négligence ou de malversations, mais chacun a le droit de provoquer leur destitution conformément aux statuts.

Dans la société en commandite, le commanditaire est réduit à une sorte d'inspection silencieuse et ne peut s'occuper des faits de la gestion ; l'associé anonyme, au contraire, peut discuter les actes futurs avec autant de liberté et de sécurité que les faits accomplis. Dans tous les cas, la majorité fait loi ; il appartient au plus grand nombre de pourvoir à l'exécution des statuts, et, sans aucun doute, toute délibération étrangère aux statuts serait frappée d'irrégularité et nulle.

L'emprunt fait par une société anonyme avec le concours de la totalité de ses membres ou de ceux qui les représentent, est tout aussi valable que celui que ferait un citoyen majeur et maître de ses droits (arrêt de la Cour de Bordeaux du 21 décembre 1840; Paris, 18 juillet 1837, confirmé sur le pourvoi par un rejet du 9 mars 1841).[1]

Les assemblées générales n'ont pas le pouvoir d'astreindre les

[1] D. 41, 1, 154.

associés à des versements supplémentaires et de les frapper, faute d'obéir, de la déchéance de leurs droits primitifs, bien que ce soit l'opinion de M. Dalloz qui s'est appuyé sur un arrêt de la Cour de Nîmes du 3 fructidor an XII,[2] antérieur par conséquent de quelques années au Code de commerce, qui, le premier, a institué et réglé la société anonyme.

En somme, les assemblées générales peuvent arrêter les dépenses, en voter de nouvelles, engager par des délibérations le capital social, changer le mode de la gestion et en modifier les éléments, en tant qu'elles se renferment dans les limites des statuts et du fonds social.

Du principe de l'assimilation de l'administrateur de la société anonyme à un mandataire, il suit :

Qu'il ne peut faire que les actes qui tiennent directement à l'administration; qu'il a besoin d'une autorisation spéciale pour soutenir les procès qui touchent à la propriété des immeubles sociaux, et que sans l'assentiment de la société, il ne peut ni transiger, ni compromettre; qu'il est tenu d'accomplir son mandat, tant qu'il n'en a pas été déchargé et qu'il répond des dommages-intérêts qui pourraient résulter de son inexécution (art 1991, C. civ.); qu'il doit rendre compte de sa gestion, faire raison de tout ce qu'il a reçu en vertu de sa procuration, même quand ce qu'il a reçu ne serait pas dû à la société; qu'il est responsable de son dol, des fautes qu'il commet dans sa gestion, sauf à appliquer moins rigoureusement la responsabilité si le mandat est gratuit (art. 1992, C. civ.); qu'il répond de ceux qu'il s'est substitués dans la gestion, s'il n'en a pas reçu le pouvoir, ou même si, en ayant reçu le pouvoir, il a fait choix d'une personne notoirement incapable ou insolvable; que s'il y a eu emploi à ses affaires personnelles des fonds sociaux, il en

[2] D. a., 12, 140.

doit l'intérêt du jour même de l'emploi, et que du jour de la mise en demeure, il doit également l'intérêt des sommes dont il est reliquataire; que responsable seulement du mandat qu'il a reçu, il ne contracte à raison de sa gestion aucune obligation personnelle ni solidaire quant aux engagemens de la société ; que les actes de l'administration auraient-ils pour résultat de nuire aux créanciers, de leur enlever la meilleure partie du gage affecté à la sûreté de leurs créances, il ne peut en porter le poids, s'il n'a fait qu'accomplir les ordres de l'assemblée générale des actionnaires; il ne resterait aux créanciers d'après les dispositions de l'article 2131 qu'à poursuivre le remboursement immédiat de leurs créances ou exiger un supplément d'hypothèque.

L'associé anonyme n'est passible que de la perte du montant de son intérêt dans la société. Il doit verser le montant de cet intérêt à la caisse sociale, et la vente de ses actions par l'actionnaire avant d'en avoir payé le prix, le laisserait aussi étroitement obligé ; la novation seule suppléerait au paiement et libérerait le cédant.

Exprimer dans les statuts, pour exciter la diligence des actionnaires, que le défaut de paiement au terme stipulé, entraînera déchéance pour les associés en retard et qu'ils perdront les à comptes payés, ne donne pas à des associés qui n'ont pas accompli leurs obligations, le droit d'invoquer eux-mêmes pour échapper à toute action, une stipulation faite contre eux et dans l'intérêt exclusif de la société (Lyon, 31 janvier 1840[3] ; arrêt en sens inverse de la Cour royale de Paris (3me chambre) du 31 mars 1831).[4]

L'actionnaire de la société anonyme n'est pas plus que l'actionnaire de la société en commandite soumis à la contrainte

[3] D. 31, 2, 123.
[4] D. 40, 2, 118.

par corps pour le paiement de ses actions. Ce n'est pas faire un acte de commerce que de s'intéresser dans une société anonyme; la qualité d'actionnaire ne rend pas négociant. Une conséquence de cette identité est que l'associé anonyme ne peut être forcé de rapporter les dividendes ou intérêts qu'il a reçus, pourvu qu'au moment où les sommes lui ont été réunies, les affaires de la société fussent prospères, et que ces dividendes ou intérêts aient été prélevés sur les bénéfices réalisés.

Si on avait supposé des gains imaginaires ou si, escomptant l'avenir, on avait entamé le fonds social, les actionnaires ne seraient pas à l'abri de la répétition. C'est un principe fondamental, sacré, que le fonds social doit être entièrement et exclusivement appliqué à l'extinction des dettes sociales, et d'ailleurs le sort de l'associé anonyme ne peut en aucun cas différer de celui de l'actionnaire en commandite.

Quant à la difficulté de retrouver les parties prenantes, elle tient au fait et non au droit; constatons contre l'opinion de Merlin, Favard de Langlade et M. Pardessus, le droit d'exiger le rapport à la caisse sociale des sommes détournées à leur détriment; les difficultés d'exécution n'affectent pas le droit.

Les bénéfices réels seront répartis dans la proportion relative de la valeur des actions au capital social, et si toutes les actions n'étaient pas de la même nature, on suivrait les règles établies par le contrat; à défaut, on consulterait, on apprécierait l'intention des parties.

Puisque prendre une action dans une société anonyme ou en commandite n'est pas faire acte de commerce, le mineur émancipé, la femme séparée de biens peuvent consacrer leurs capitaux à l'achat d'actions, et ces achats irrévocables pour la femme, quand elle en a payé le prix, le deviendront pour le mineur émancipé, s'ils sont en rapport avec sa fortune.

§ 3. *Des formes prescrites pour les sociétés anonymes.*

La société anonyme est un contrat littéral; l'écriture est de toute nécessité; c'est de plus un contrat solennel; l'acte qui la constitue doit être authentique et la minute devra rester déposée chez le notaire qui n'en délivrera qu'une expédition. C'est la première formalité à remplir avant de s'adresser au gouvernement; elle est la condition de l'autorisation; et la société ne peut être opposée aux tiers qu'autant qu'elle a été autorisée et que l'ordonnance d'autorisation a été affichée pendant trois mois avec l'acte de société. En exigeant l'autorisation royale, la loi ne s'est déterminée que par le motif le plus grave.

Dans la société en commandite , les associés solidaires et indéfiniment responsables restent. Dans la société anonyme, rien n'empêche qu'il y ait une mutation continuelle des individus; les actions se vendent sur la foi du contrat; si ce contrat était sous seing privé, il serait exposé à des modifications, à des changemens arbitraires qui anéantiraient les droits des tiers, leur enlèveraient toute sécurité, éloigneraient les capitaux et tueraient le crédit qui est l'ame du commerce. Aussi la loi eut-elle été sage d'exiger les mêmes formalités pour la société en commandite.

La société anonyme présente les plus grands dangers pour les particuliers et pour l'ordre public, par le trop grand nombre d'individus qu'elle enlace, par les capitaux énormes qu'elle absorbe; ces sociétés trop multipliées nuiraient au commerce, ébranleraient le crédit en faisant concurrence au commerce individuel; on ne doit donc les permettre que pour les entreprises, les opérations qui exigent une grande masse de capitaux; il faut y apporter la plus grande surveillance, et c'est à l'administration publique qu'il appartient de procéder à l'examen de l'objet que se proposent ces espèces de sociétés, avant d'en autoriser l'établissement.   ·

Toutefois, les formalités qui accompagnent cette autorisation sont trop longues, demandent trop de, temps et entravent la rapidité si nécessaire au succès des opérations commerciales. L'autorisation est utile, elle est nécessaire, ce n'est pas une raison pour s'en dissimuler les inconvéniens, elle en présente de bien grands. Il faut l'autorisation royale, elle est dé l'essence de la société; il faut l'approbation des statuts de la société par le gouvernement, et toute infraction à ces statuts pourrait à l'instant même donner lieu au retrait de l'autorisation.

Les statuts régissent les contractants, ils les obligent; mais avant l'autorisation ils ne sont que conditionnels, suspensifs (art. 1181, C. civ.), sans que l'autorisation puisse rétroagir. On ne peut mieux comparer la société anonyme qu'au contrat de mariage dont les effets auraient été subordonnés à l'évènement , à l'accomplissement d'une condition. Si l'approbation était refusée, les contractans seraient dégagés et considérés comme n'ayant jamais été associés; s'il y avait eu des opérations commencées, sans attendre l'ordonnance royale qui seule peut donner une existence légale à la société anonyme, l'effet de ces opérations serait réglé conformément aux arrangemens écrits.

Les sociétés anonymes ne peuvent être publiées dans la quinzaine de l'acceptation de l'acte, car elles n'ont pas encore d'existence; il faut pour combler la lacune de la loi, reporter cette quinzaine, au jour où la convention a reçu une date certaine par l'ordonnance d'autorisation.

Dans la société en commandite, on ne publie qu'un extrait de l'acte de société, dans la société anonyme, l'acte entier sera publié. La loi n'ordonne pas la transcription au greffe de l'acte de société, le défaut de cette formalité n'annulerait pas une société anonyme, car on ne peut créer dés formalités qui ne soient

ordonnées. L'insertion dans les journaux aurait le double défaut d'une inutilité et d'une longueur, la publication des statuts
dans le bulletin des lois est d'ailleurs suffisante.

RÈGLES COMMUNES AUX SOCIÉTÉS EN COMMANDITE ET ANONYMES
COMMERCIALES.

Le contrat de société a été porté à la connaissance du public;
il a été initié aux clauses qui l'intéressent, on lui a fait connaître les conventions qu'il lui importe de savoir. Ce sont ces clauses,
ces conventions qu'il a en vue lorsqu'il traite avec la société; si,
au moyen d'un acte clandestin, on avait pu revenir sur les statuts de la société, le crédit eût été ruiné, la confiance détruite;
il n'y eût plus eu que déceptions pour les créanciers; toute constitution de société fût devenue impossible.

Il faut que tout changement apporté au contrat de société soit
publié, porté à la connaissance des tiers de la même manière, et
en remplissant les mêmes formalités que pour l'acte de société
(art. 46). Voilà le principe.

Voici les conséquences :

Toute continuation de société, après son terme expiré, sera
constatée par une déclaration des coassociés, soumise à une
nouvelle publication, et il y aura lieu à un nouvel acte.
L'article 1866 du Code civil porte que la prorogation d'une
ociété à temps limité, ne peut être prouvée que par un
écrit revêtu des mêmes formes que le contrat de société, si la
mise toutefois excède 150 fr. Il a fallu un acte pour établir cette
société, il en faudra un second pour valider sa prolongation
(art. 1834, C. civ.).

Cette distinction ne peut être admise dans la société commerciale, il y aura toujours publication de l'acte ; il en serait de même pour tous actes portant dissolution de la société avant le terme fixé pour sa durée par l'acte qui l'établit.

On a été plus loin ; on a prétendu qu'il y avait lieu à la publication du mariage entraînant dissolution, par suite d'une clause insérée au contrat de société.

Cette opinion est au moins contestable. La dissolution par la mort de l'un des associés n'est certes pas un événement dont il importe moins au public d'être averti, et n'est cependant soumis à aucune publication. D'ailleurs, l'article 46 ne comprend pas la publicité de la dissolution par suite de mariage ou de mort, ou de tout terme dépendant d'un événement futur et incertain.

Dans tout changement d'associés, comme dans le cas où la société continuerait avec les héritiers de l'associé défunt, le créancier a besoin de connaître individuellement les personnes qui viennent prendre la place de l'associé cédant ou de l'associé mort. Il faut en dire autant de toute retraite d'associés ; il est évident que le public a intérêt de connaître ce fait. L'associé responsable, dont la retraite n'a pas été rendue publique, est réputé n'avoir jamais cessé d'être associé (Colmar, 2 août 1817, D. a., 12, 108).

La retraite ne pouvant pas être une cause de libération, l'associé sera tenu des dettes contractées pendant le temps qu'il est resté dans les liens du contrat ; mais, dès le moment qu'il aura quitté la société, la prescription fixée par l'article 64 commencera à courir en sa faveur (Cass., 7 juin 1830, v. J. pal., t. 3, 1830, p. 364).

Il ne faut pas d'ailleurs, confondre avec la retraite, le changement de position d'un des associés. Que le gérant d'une société en commandite, usant du droit qui lui a été conféré par le statut social, se substitue un autre gérant, la publicité donnée à cette substitution le dégagerait-il de la solidarité, cesserait-il d'être responsable? Non, sans doute (Cass., 1ᵉʳ juillet 1841, D. 4, 290).

Il en est encore ainsi de toutes stipulations ou clauses nouvelles; ce qui ne doit s'entendre que de celles qui sont de nature à influer sur les relations des tiers avec l'être moral, et se restreindre pour la société en commandite, dont on ne publie qu'un extrait, aux clauses et stipulations nouvelles ayant rapport aux choses de l'extrait (Cass., 21 février 1832, D. 32, 1, 110).

Les mots *tout changement à la raison de société* sont encore pris d'une manière générale dans le texte. Mais l'article 46, tout en en faisant l'application aux sociétés en commandite et anonymes, renvoie aux formalités prescrites par les articles 42, 43 et 44. Or, la société anonyme n'existe point sous un nom social (art. 29), et les articles 42, 43 et 44 n'exigent que l'extrait de la société en commandite, la transcription, la remise au greffe, l'affiche, l'insertion, la preuve de l'insertion, et ne disent pas un mot des sociétés anonymes, ce qui n'empêche pas que le principe ne leur soit également applicable avec modifications. Il y aura lieu à une autorisation nouvelle, à une publication analogue à celle du contrat primitif.

Le texte nous renvoie aux règles particulières de chaque société, pour que, dans l'application, tout changement apporté dans une société, soit constaté dans la même forme qu'elle a été constituée.

D'un autre côté, ces dispositions combinées avec les règles concernant les actes de société, n'en permettent pas l'application aux changements d'actionnaires dans les sociétés anonymes et dans les sociétés en commandite.

L'omission de ces formalités ne produirait d'effets qu'à l'égard des associés; le défaut d'aucune d'elles ne pourrait être opposé aux tiers, au public, aux créanciers. Ce principe, il faut l'admettre

d'une manière absolue; il l'a fallu pour éviter le doute, l'incer-
titude; la loi ne pouvait s'en rapporter qu'à l'observance des
formalités, elle ne pouvait admettre d'autre preuve de la validité des sociétés, que celle de leur accomplissement.

S'il y avait continuation de la société, sans publication de la
clause du contrat emportant prorogation, elle serait considérée
comme nulle de toute nullité entre les associés; il n'y aurait
entre eux que les rapports résultant d'un quasi-contrat, d'une
communauté d'intérêts; quant aux tiers, il suffit qu'ils le veuil-
lent, pour que pour eux il y ait continuation de la société. Il
est cependant juste de n'admettre cette continuation à leur
égard que dans les formes de la société primitive; il y a tacite
reconduction. La raison et l'équité indiquent assez que les associés doivent rester dans les mêmes termes vis-à-vis des tiers.

L'introduction d'un nouvel associé, sans publication, serait
encore nulle à l'égard des associés contre lesquels le nouvel associé peut l'invoquer pour rompre le contrat, mais valable pour
les tiers qui peuvent le considérer comme un responsable, un
coassocié solidaire.

Ainsi, la société en commandite et la société anonyme sont
litérales; la société anonyme seule est solennelle (art. 40). Comme
la preuve littérale l'emporte sur la preuve testimoniale, on ne
pourrait admettre aucune preuve par témoins, contre et outre
le contenu dans l'acte de société, ni sur ce qui serait allégué
avoir été dit avant l'acte ou depuis, encore qu'il s'agisse d'une
somme au dessous de 150 livres (art. 41). Il doit subsister en son
entier, dans toute sa pureté.

Cependant, rien n'empêche d'admettre la preuve testimoniale
d'un consentement forcé, ce ne serait pas attaquer le contenu
de l'acte, ce ne serait qu'en attaquer la validité. Un tiers, qui
prétendrait qu'il y a eu modification d'une clause à son préjudice, pourrait également en apporter la preuve; l'écrit ne fait

foi qu'entre les intéressés, le tiers pourrait donc en prouver l'existence ou la non-existence. On pourrait encore recourir à la preuve testimoniale pour prouver la participation d'un actionnaire dans la commandite, à un acte de gestion ; c'est une contravention au contrat.

Des différentes manières dont finit la société par actions commerciale.

La société cesse de droit :

1° Par l'événement du terme que la convention a déterminé pour sa dissolution : *Dispositio facta pro certo tempore, ultra illud non extenditur.* [1] Et cette règle est si impérieuse, que la société est dissoute, alors même que l'opération ne serait pas terminée (art. 1844 et 1865, C. civ.). Cependant, si la société s'était organisée pour une opération déterminée, l'indication d'un terme ne serait considérée que comme une simple énonciation subordonnée dans ses effets à la réalisation de l'objet mis en commun (Bruxelles, 13 janvier 1810, D. a., 12, 97).

Le terme peut être implicite et opérer cependant la dissolution de la société. [2]

2° Par l'extinction de la chose.

La société est un contrat par lequel deux ou plusieurs personnes conviennent de mettre quelque chose en commun, dans la vue de partager le bénéfice qui pourra en résulter. Il n'y a plus de chose commune, de collaboration, il n'y a pas de gains possibles, il ne peut plus y avoir de société.

[1] Straccha , déc. 27 , n° 8.
[2] Straccha, déc. 27 , n° 6.

Une société a été constituée en commandite pour l'exploitation d'un brevet d'invention; ce brevet est annulé, il n'y a plus de but réalisable, la société doit finir. Dans tous les cas, la société est également dissoute par la perte de la chose, lorsque la jouissance seule a été mise en commun et que la propriété en est restée dans la main de l'associé (1867, C. civ.).

Lorsque la propriété même, a fait la matière de l'apport, si la chose périt, ce n'est pas pour l'associé qui en a fait la mise, mais pour la société devenue propriétaire; la société continue donc, à moins que le fonds social ne soit insuffisant pour la spéculation en vue; car si les diminutions éprouvées par le fonds social ne faisaient que rendre les bénéfices moins élevés, la société n'en continuerait pas moins.[3]

3° Par la consommation de la négociation.

C'est tout simple; une société ne peut subsister sans une affaire qui en fasse l'objet, le but qu'on s'est proposé atteint, toutes relations cessent; la société n'a plus de cause, elle doit cesser.

La mort naturelle de l'un des associés n'est pas une cause de dissolution de la société par actions. La nature même de ces sociétés supplée à toute stipulation de continuation de la société avec les héritiers de l'associé. L'article 1688 autorise cette dérogation aux principes du Droit romain qui considérait cette cause de dissolution comme la plus capitale de toutes.

Ainsi, les sociétés anonymes. Ne serait-il pas absurde de vouloir que la mort de l'un des associés eût quelque influence sur l'existence d'une société qui unit plutôt les capitaux que les personnes, dans laquelle, connus ou inconnus, les associés peuvent, quand bon leur semble, renoncer à leur qualité.

Telles sont encore les conventions qui ont avec la société ano-

[3] M. Malpeyre et Jourdain, n°ˢ 459, 460.

nyme une sorte d'affinité. Ainsi, la société d'assurance mutuelle dont le principe est moins la considération des personnes que celle des propriétés assurées, n'est point dissoute par le décès d'un ou de plusieurs des assurés (Cass., 12 janvier 1842, D. 42, 1, 132).

Telles sont enfin les sociétés en commandite dont le capital social est divisé par actions soit nominatives, soit au porteur. La mort d'un ou de plusieurs associés est indifférente à la durée de la convention, puisque la transmission de main en main de ces actions peut renouveler dans le cours de l'opération tout le personnel des commanditaires. Pourquoi le décès de l'un d'eux produirait-il plus d'effet que sa retraite?

La faillite, pas plus que la mort naturelle, la mort civile, l'interdiction ou la déconfiture d'un associé, n'entraîne la dissolution des sociétés anonymes ou en commandite dont le capital se divise en actions; les modifications apportées à la capacité des contractans n'influent en aucune façon sur la durée du contrat.[4]

Cependant même, lorsqu'il y a division du capital par actions transmissibles, l'admission virtuelle des héritiers n'est logique que pour ce qui concerne les commanditaires. Si l'associé gérant meurt, les pouvoirs dont il a joui s'éteignent avec lui, et la société serait dissoute à moins de stipulation contraire. Il faut l'avis unanime des associés survivans pour lui donner un successeur, à moins que par une sage précaution, la stipulation que la majorité des actionnaires fera choix d'un autre gérant ait été insérée aux statuts.

Qu'arriverait-il si les héritiers étaient mineurs au moment du décès de l'associé?

Il est tout simple qu'un mineur incapable de s'obliger ne

---

[4] V. Merlin, Questions de Droit, v. Société.

puisse former de convention qui entraîne la solidarité, la contrainte par corps, l'éventualité de la faillite, la possibilité de l'expropriation.

Mais le mineur émancipé autorisé à faire le commerce qui a satisfait à toutes les formalités exigées par l'article 2 peut, du consentement de la famille, former une société collective; pourquoi lui serait-il défendu de prendre aux mêmes conditions la place d'un associé qui meurt dans une société déjà formée?

En principe donc, la stipulation qui appelle les héritiers à succéder à l'associé défunt n'est pas annulée si ces héritiers sont mineurs.

Cette clause s'applique avec les mêmes distinctions à tous les associés en commandite solidaires et indéfiniment responsables, et reçoit toujours son exécution à l'égard des commanditaires, à quelque âge et quelque position que l'héritier se trouve.

Enfin, la société finit par la volonté qu'un seul ou plusieurs manifestent de n'être plus en société.

Les autres contrats ne se dissolvent que par le commun consentement des parties. C'est un trait distinctif de la société que la volonté d'un des associés de se retirer de la société en opère la dissolution.

Mais il ne peut manifester cette intention que lorsque la durée de la société n'a pas été fixée, et encore la renonciation, pour être valable, devra-t-elle être de bonne foi et non à contretemps (art. 1869, C. civ.). Il ne faut pas qu'il fasse de la faculté qui lui est accordée un usage abusif, un moyen de s'enrichir aux détriment de ses associés ou de leur causer un dommage.

Lorsqu'un seul ou plusieurs, dans une société limitée dans sa durée, expriment la volonté de n'être plus en société, la dissolution ne vaut qu'autant que cette volonté repose sur de justes motifs.

L'associé qui véut se retirer doit, aux termes de l'article 1869, notifier sa volonté aux autres associés. Elle n'a de valeur à leur égard qu'autant qu'elle a été notifiée à tous. Cette notification doit être faite par acte d'huissier pour prévenir les dénégations frauduleuses.

Si la notification n'est pas faite à tous, il est évident qu'elle est sans effet à l'égard de ceux qui n'en ont pas été touchés, à moins qu'ils ne jugent à propos de se tenir pour avertis, ce qui leur est permis, et de fermer la bouche à l'associé renonçant qui se prévaudrait de l'omission de la notification pour revenir sur son propre fait.

Mais pourront-ils, en renonçant à la notification, faire dissoudre la société contre le gré de leurs coassociés, qui, ayant reçu la notification, se fondent sur ce qu'il y a d'incomplet dans l'acte du renonçant pour faire continuer la société?

Ce serait livrer la société à la merci des associés non touchés de la notification. En effet, si on leur donne le droit de se désister de la nullité, il arrivera qu'ils pourront faire prévaloir la dissolution, et qu'ainsi la continuation et la dissolution seront entre leurs mains, et, dans tous les cas, leurs coassociés seront obligés de subir leur volonté.

Lorsque les parties ont réglé la durée du contrat, la loi suppose qu'elles ont entendu rester engagées jusqu'au terme fixé d'accord ; mais comme tout autre convention, la société peut cesser avant le terme, si l'état des choses devient tel, qu'il ne soit plus permis d'atteindre le but que se proposaient les associés.

La dissolution des sociétés à terme ne peut être demandée par l'un des associés avant le terme convenu, qu'autant qu'il y a eu de justes motifs; comme, lorsqu'un autre associé manque à ses engagemens, ou qu'une infirmité habituelle le rend inhabile aux affaires de la société, ou autres cas semblables dont la légitimité et la gravité sont laissées à l'arbitrage du juge (art. 1871, C. civ.).

Donc, les causes qui peuvent déterminer la résolution d'une société avant le terme sont nécessairement très-nombreuses et très-difficiles à préciser dans une complète énumération. Aux exemples cités dans la loi on peut ajouter les suivants :

Si le gérant de la société refuse à l'un des associés l'exercice de ses droits, à un actionnaire l'entrée dans les assemblées générales, l'actionnaire est autorisé à se retirer de la société en se faisant rembourser son apport (Paris, 3 janvier 1839, D. 41, 1, 280).

Si la conduite de l'un des associés appelle sur la société le discrédit ou s'il malverse dans les fonctions qui lui ont été confiées : *Si ita injuriosus aut damnosus socius sit, ut non expediat eum pati* (L. 14, D. *pro socio*).

Si, par des causes indépendantes de sa volonté, pour obéir aux lois, un des associés était obligé de s'éloigner, et que ses attributions ne pussent passer en d'autres mains.

Si l'ouvrier, dont l'apport consiste en industrie, avait donné des preuves d'incapacité qui exposeraient la société à des pertes certaines.

Si le capital social est tellement diminué, que les spéculations, en vue desquelles s'est formé le contrat, ne puissent plus se réaliser.

Observons :

Que s'interdire la faculté de demander la dissolution de la société, même sous une clause pénale, est une stipulation illusoire et nulle; il n'y a pas de renonciation valable, quand elle a pour objet des faits qui ne sont pas encore nés.

Que le juge peut admettre ou rejeter la demande en dissolution; il n'y a qu'une appréciation de faits, qui rentre dans son domaine et échappe à la censure de la Cour suprême.

Que les causes de dissolution ne peuvent faire condamner les parties à des dommages-intérêts lorsqu'elles sont indépendantes de leur volonté.

Qu'enfin que la société soit à terme, ou sans limitation de temps, il y a nécessité de publier la dissolution, en se conformant aux articles 42 et 46. Que si elle n'a pas été rendue publique, elle est non avenue à l'égard des tiers.

PARAGRAPHE ADDITIONNEL.

Quelques considérations sur le projet de loi sur les sociétés par actions, lu à la chambre des députés par M. Barthe, ministre de la justice, dans la séance du 15 février 1838.

La société en commandite, telle que le Code l'avait organisée, n'a pu être maintenue dans le cercle étroit qui lui était tracé; poussée par le rapide essor de l'association, elle a grandi avec cette force nouvelle, elle s'est élargie à l'infini. Nous la voyons, obéissant à une nécessité impérieuse, attirer à elle les plus petits capitaux, les entraîner, les absorber dans le grand mouvement industriel et commercial, associer la médiocrité, presque la pauvreté, à ces grandes entreprises que le génie de l'homme a ouvertes à l'industrie. La division permise du capital social en actions cessibles à volonté, offrant, par la facilité de la réalisation, un attrait de plus, nous la voyons s'étendre d'une espèce particulière de commerce au commerce en général, et englober, par une progression continue, un nombre incroyable de bailleurs de fonds. Expression de besoins nouveaux, la société par actions revêt une forme nouvelle, imprime à la commandite un caractère distinct et lui donne une toute autre extension. Le législateur avait pressenti les avantages de ce nouveau mode d'association; mais en ignorant la marche, il n'avait pu l'organiser. Aujourd'hui que son développement accuse l'insuffisance des règles étroites de la société en commandite ordinaire, aujourd'hui qu'une situation nouvelle réclame vivement des règlemens nouveaux, que la société par actions, ce levier mis en œuvre par l'esprit d'association, que cette idée utile et féconde menace d'étouffer sous le poids de ces entreprises scandaleuses, que la mauvaise foi, l'amour impatient d'un lucre facile, ont élevé impudemment sous le manteau d'un régime de liberté absolue et sans contrôle, il est temps que le législateur intervienne, qu'il mette le principe à l'abri des abus et des écarts, qu'il empêche le retour des nombreuses déceptions, des friponneries insignes qui, dans les années qui ont suivi la révolution de 1830, ont désolé le commerce, ébranlé le crédit public.

Mais il faut le reconnaître, ce ne sont pas les tiers qui ont besoin de protection; ils sont à même de veiller à leurs intérêts, d'échapper seuls à des chances périlleuses, d'ailleurs rares : les abus odieux, introduits dans les sociétés par actions, ne les ont pas atteints. C'est le public actionnaire, trompé par des apports fictifs, désarmé de tout droit d'intervention dans la gestion, exposé à toutes les chances de perte, qu'il s'agit de garantir d'une spoliation effrontée.

Stimulé par l'opinion publique, qui s'était émue en face des désordres scandaleux de la spéculation, le gouvernement a pris l'initiative, et une commission, chargée d'apporter le remède au mal, a présenté un projet de loi à la chambre des députés, où il n'a obtenu que les honneurs de la lecture. Le projet social était mauvais : on va en juger.

Le projet proposait deux moyens également *héroïques:* la suppression de l'article 38 et la soumission à l'autorisation du conseil d'État de toute société en commandite, dont le capital serait divisé en actions.

Prohiber la division de la commandite en actions, ou la soumettre à une autorisation, autant valait la rayer de nos lois.

C'est là un remède trop radical dont on n'a pas voulu ; on a également repoussé cette interdiction qui tue l'activité humaine et cette censure qui l'énerve.

Les faits ont marché pendant l'immobilité de la loi ; la bonne foi publique a été rudement atteinte : était-ce une raison pour frapper les actions de proscription, pour frapper d'inaliénabilité les parts commanditaires? Sans doute, leur forme facile, expéditive, leur transmission rapide par simple remise ou endossement, a facilité le mal, l'a étendu ; mais n'est-il pas un autre remède pour garantir les actionnaires des spoliations des gérans? faut-il donc la mort d'une institution dont la puissante vitalité a résisté à tant de secousses, d'un mode d'organisation aussi commode, aussi simple, aussi populaire?

Les libres allures du commerce repoussent l'intervention du gouvernement : il y a rarement eu recours. Il ne veut pas de ce contrôle de l'autorité contraire à ses penchans, à ses habitudes ; il répugne à tout cet attirail administratif qui n'est qu'une entrave pour toute entreprise qui demande silence et instantanéité dans l'organisation.

La société en commandite ne saurait se plier sous ce niveau inflexible, et la bonne industrie qui demande des garanties contre les périlleux écarts d'entreprises audacieuses qui l'ont compromise, protesterait à grands cris contre la confiscation d'un droit dont la valeur, malgré les folies désastreuses dont il a été l'occasion, a été appréciée.

Singulier moyen de résoudre une difficulté : la solution embarrasse, on l'élude ; l'exercice d'un droit soulève de grands embarras, il ne demande qu'à être régularisé, on le supprime ; il ne s'agit que de réprimer les écarts d'un principe excellent en lui-même, on en étouffe le développement naturel.

En présence des sociétés anonymes, la société en commandite autorisée ne serait qu'une superfétation.

La solidarité, la responsabilité indéfinie des gérans, offrent une garantie autrement sérieuse, une réalité autrement efficace que cette fiction trompeuse de l'autorisation qui ne repose que sur un examen superficiel, incomplet et inopportun de l'entreprise, qui ne garantit en rien sa réussite, assume sur le gouvernement la responsabilité morale de tous les désastres des sociétés qui périclitent, et peut devenir entre ses mains un instrument politique.

Cette question si grave de l'autorisation n'est pas nouvelle. Elle fut vivement agitée lors de la publication du projet du Code de commerce, et voici comment s'exprimaient sur cette autorisation les auteurs de l'*analyse raisonnée* des observations des cours et tribunaux :

« Nous n'avons pas eu l'intention d'assujettir les sociétés en
« commandite (quelles que soient la forme et la nature de l'in-
« térêt des commanditaires) à une autorisation du gouverne-
« ment; c'eût été, comme on nous l'a justement observé, *établir*
« *une sorte de privilége dont on pourrait abuser, et entremettre*
« *l'autorité publique dans les opérations mercantiles*, sans aucun
« motif. »

Un grand nombre de tribunaux d'appel et de commerce s'élevèrent avec force contre l'idée de soumettre les transactions particulières à la nécessité de l'autorisation.

Aux termes du règlement du 31 décembre 1807, relatif aux sociétés anonymes, le contrôle du gouvernement doit constater que la société n'est pas un piège tendu à la crédulité, que son objet est licite et réel, qu'un fonds d'engagement assure l'existence de l'entreprise, que les statuts offrent des garanties de moralité, des moyens de surveillance, et assurent l'exercice des droits qui appartiennent aux actionnaires.

Est-il donc impossible de faire pour la société en commandite par une voie différente ce qu'on a fait pour la société anonyme, d'assurer aux actionnaires les garanties qu'ils peuvent désirer? Ne pourrait-on pas faire plus encore, et détruire des abus autrement graves que ceux que veut prévenir la circulaire ministérielle, sans recourir à l'autorisation du gouvernement? Le problème est-il donc insoluble? Nous croyons fermement le contraire, et si le gouvernement n'a pas répondu à un légitime espoir, s'il a répudié sa belle et grande mission, s'il a renoncé à organiser les sociétés en commandite par actions, s'il les supprime, et ne veut plus tolérer à l'avenir que les sociétés anonymes autorisées, ce n'est là qu'un triste aveu d'impuissance. La tâche était belle, difficile; mais impossible, non. Il a fléchi, effrayé de cette difficulté menaçante d'organiser l'association en commandite, tel que l'esprit progressif du siècle l'a développée, de la ployer sous des règles tutélaires propres à fermer tout retour à des opérations hasardeuses ou sans probité; il a failli à sa tâche, voilà tout.

Il y a dans le texte du projet deux parties bien distinctes : l'une a trait aux améliorations dont la nécessité s'est fait sentir dans la société anonyme; l'autre supprime purement et simplement les sociétés en commandite par actions.

Les améliorations apportées dans les sociétés anonymes s'appliqueraient parfaitement au régime de la société en commandite par actions.

Ainsi, les administrateurs, les fondateurs, les gérans de sociétés par actions établies contrairement aux prescriptions de la loi, seraient passibles d'une restitution, d'un paiement, de dommages-intérêts envers les actionnaires et les tiers, s'ils avaient émis des actions, contracté des dettes, souscrit des engagemens ou délivré des produits.

La réparation est suffisante. Cependant, si on reconnaissait les caractères de l'escroquerie dans l'organisation, la publication de l'acte social, dans l'appel fait aux capitalistes, l'action correctionnelle est là.

Ainsi, les actions nominatives ne libéreraient le souscripteur et l'acquéreur par la transmission, de toute obligation envers la société, qu'autant que la transmission en aurait eu lieu conformément au réglement inséré au contrat de société à cet égard.

Quant aux actions au porteur, l'émission ne pourrait jamais avoir lieu qu'autant que le montant total en aurait été versé ou cautionné par la partie prenante.

Ainsi, aucune répartition ne pourrait être faite aux actionnaires que sur les bénéfices nets constatés par inventaire.

Ainsi, les sociétaires qui auraient reçu un dividende au détriment du fonds social, seraient astreints au rapport, et l'action en rapport serait illimitée.

Ainsi, les gérans ou administrateurs seraient responsables solidairement et par corps s'ils avaient fait une répartition en dehors des inventaires.

Ainsi, ils seraient responsables de leur dol et de la faute grave assimilée au dol quant à la responsabilité.

Ainsi, en cas de contestation avec les actionnaires représentant l'intérêt social collectif, l'assemblée générale devra nommer des commissaires spéciaux qui représenteront les actionnaires ayant un intérêt commun. Si l'assemblée n'a pas lieu, ou si elle se refuse à la désignation, le tribunal de commerce sera appelé, sur la requête de la partie la plus diligente à faire cette désignation. Ces représentans des parties intéressées pour toute la durée du procès, auraient qualité pour recevoir assignations et notifications, pour appeler ou défendre sur l'appel ou le pourvoi.

Chaque intéressé pourrait individuellement intervenir au procès, mais à ses frais.

Ces règles toutes spéciales de procédure seraient inapplicables aux contestations avec les actionnaires, à raison d'une obligation particulière.

Ainsi enfin, l'arbitrage ne serait plus qu'une faculté et non une nécessité. Toute stipulation générale contraire serait nulle.

Quant à nous, notre conviction est que les prohibitions des articles 27 et 28 sont contraires à la coutume commerciale, et que les résultats en sont funestes. Nous voulons l'émancipation des actionnaires, qu'on reconnaisse les droits de l'assemblée générale des commanditaires sur la chose connue, qu'on lui accorde des pouvoirs plus étendus, qu'on l'autorise à prendre des délibérations, à réviser les statuts, à dissoudre la société, à changer les gérans ; nous demandons que les commanditaires réunis puissent débattre les stipulations du pacte social, que le commandité ne puisse plus rédiger cet acte à sa guise sans contrôle, sans contradicteurs, stipuler tels avantages qu'il lui plaît, estimer à son bon plaisir l'*apport*, matériel ou immatériel ; qu'il ne puisse plus prélever, en échange de cet apport, des actions en tel nombre qu'il lui est convenable, qu'il ne puisse non plus les réaliser immédiatement.

Nous trouvons avec M. Wolowski qu'il serait bon « que les « actions délivrées en échange des apports immatériels, fussent « des actions industrielles proprement dites, n'ayant droit « qu'au partage des bénéfices nets, les intérêts des actions de ca-« pital une fois payés, et en cas de liquidation, à une portion « proportionnelle dans l'excédant que présentera l'actif social « sur la valeur du fonds réalisé.

« 2° Que les actions de capital, délivrées en échange de l'ap-« port vénal et celles souscrites par les gérans, ne fussent que no-« minatives et que leur cession fut interdite avant que deux « inventaires successifs n'eussent donné la preuve que l'entreprise « produirait des bénéfices réels. »

Un mot encore sur l'autorisation du gouvernement.

L'autorisation, dit-on, n'est pas chose nouvelle, les sociétés anonymes y sont soumises depuis quarante ans.

L'expérience n'a démontré qu'une chose; que l'application de la société anonyme aux entreprises industrielles n'a pas été heureuse, et que l'examen préalable du conseil d'État n'a pas empêché l'exagération de la valeur de l'apport, et c'est là, il faut en convenir, le point capital des attaques violentes des adversaires de la commandite.

M. Vincent cite des exemples de mécomptes énormes; une société n'a pu se former parce que l'estimation d'un apport n'a pas décidé s'il avait une valeur de 3oo,ooo ou 1,2oo,ooo fr. D'autres sociétés, au contraire, se sont constituées, et au premier revers les objets évalués sur les expertises les plus régulières se sont trouvés sans valeur (Des sociétés par actions, p. 47).

Le développement des commandites par actions est immense, tandis que la société anonyme n'a pu s'acclimater en France, n'a produit que de maigres résultats, une moyenne annuelle de cinq autorisations de 18o8 à 1822. Cependant par une conséquence singulière et choquante on veut détruire la commandite si nécessaire, si indispensable au progrès du commerce et de l'industrie, et conserver la société anonyme; on veut que la puissance, l'énergie de la première abdique devant la faiblesse de l'autre.

On veut frapper l'industrie et le commerce des actions, mettre un terme à l'agiotage.

Mais l'autorisation du gouvernement, pas plus que la forme anonyme, n'amèneront l'immobilisation des capitaux, n'empêcheront le jeu, l'agiotage.

DROIT DES GENS.

DE LA LIBERTE DES MERS.

DE LA MER.

La mer fut, dès les temps les plus reculés, le lien commun des peuples. Le génie de l'homme comprit vite son utilité variée et la fit servir à ses besoins. Il s'en est approprié les produits, et s'est tracé à travers les solitudes infinies des plaines de l'Océan des routes sans nombre qui le conduisent avec une précision mathématique aux points les plus éloignés du globe. Il a usé de ce chemin plus facile, plus économique pour les transports, que toutes les voies de terre, pour échanger les richesses de tous les mondes, pour donner au commerce sa puissante extension. Chaque jour, plus frappé de cet accroissement prodigieux du commerce maritime, l'esprit de l'homme s'est ingénié à aider à cet accroissement, à rendre les communications entre peuples encore plus faciles, plus rapides. Ses efforts ont opéré une révolution éclatante dans la navigation; un moteur nouveau, la vapeur, est venu imprimer aux citadelles flottantes une vitesse inespérée, apprendre au monde dans l'admiration, qu'il n'y a plus de distance sur mer et que pour la science il n'est pas de barrière qu'elle ne puisse franchir. De nombreux et puissants navires sillonnent les mers, se jouent des brises et des courans et transportent d'un bout à l'autre de la Méditerranée, des côtes de l'Europe auxcôtes de l'Amérique, marchandises, voyageurs, transactions écrites des états et correspondance privée des citoyens. Ces résultats merveilleux, dont on niait la possibilité, seront encore dépassés, la science n'a pas dit son dernier mot et nous promet des agens mécaniques encore plus puissans et moins dispendieux. Ainsi s'accomplit la grande œuvre de la civilisation, la communion des hommes.

§ 1. *De la liberté de la pleine mer.*

La pleine mer est libre. Il n'est personne qui ne comprenne, qui ne sente cette vérité d'instinct et d'intuition, qui ne dise par un raisonnement naturel et spontané: La mer ne peut être la propriété de qui que ce soit, hommes ou nations, elle ne peut être soumise à l'empire d'un peuple.

Ces deux droits, *la propriété*, *l'empire*, donnent lieu à deux questions distinctes, se rattachant à un même tout, se décidant par des principes divers, qu'il est important de ne pas confondre pour en bien mesurer les conséquences.

La *propriété* est le droit en vertu duquel un objet est soumis, d'une manière absolue au bon plaisir d'une personne. Le propriétaire est souverain par rapport à l'objet sur lequel porte son droit. Il use de la chose, il en perçoit les fruits, il en retire tous les profits quelconques, il en dispose à l'exclusion de tous.

L'*empire* est un droit de souveraineté, en vertu duquel un peuple, exerce sur la mer, à l'encontre des autres peuples, des droits de réglement, de péage, de police, d'inspection, de visite, de saisie et de juridiction.

1° La mer est-elle susceptible, par sa nature, d'être en tout ou en partie, la propriété d'une nation ?

Grotius a écrit : La mer est indéfinie, or, les choses indéfinies ne peuvent être l'objet de la propriété.

Selden a répondu, que la mer n'est pas indéfinie, que, si la mer marque la fin des terres, les terres marquent la fin de la mer.

Grotius a écrit : Il est impossible de tracer sur la mer des limites, des frontières, des lignes de séparation.

Selden a répondu, que le tracé matériel de limites qui fixent l'étendue de la propriété n'est pas une nécessité de son existence, et que d'ailleurs la science nautique peut, à l'aide des degrés de longitude et de latitude, en fixer de précises et de parfaitement reconnaissables.

Vattel invoque l'usage innocent et inépuisable de la mer. L'innocence de l'usage de la mer, quant à la navigation, est incontestable, mais fort contestée quant à ses produits, et les pêcheurs de perles, de corail, même ceux des grandes pêches de la morue et de la baleine, fourniraient d'excellens argumens contre la justesse de cette proposition.

On a encore dit que la mer n'est susceptible d'aucune espèce de culture; raison fort peu concluante, puisque la culture n'est pas une condition indispensable de la propriété.

Laissons de côté ces petites raisons équivoques ou peu décisives, admises par les uns, rejetées par les autres, nullement concluantes et bonnes seulement à donner des armes à la controverse.

La question est nettement tranchée par deux raisons décisives, sans réplique, les voici :

Les choses qui ne sont à personne, ne peuvent devenir l'objet d'un droit de propriété que par l'occupation. Pour que la mer pût devenir la propriété d'une nation, il faudrait que cette nation pût en prendre et en conserver la possession.

La possession est le fait d'avoir une chose en sa puissance, d'une manière permanente, avec l'intention de se l'approprier. Il faut le concours de deux conditions pour qu'il y ait possession, le fait et l'intention réunis. Mais ce fait de possession renferme lui-même deux pouvoirs essentiels : possibilité physique, immédiate, actuelle, d'agir à chaque instant et à sa volonté sur la chose, possibilité d'en tenir, à son gré toute action étrangère éloignée. En un mot, « toute possession d'une chose repose sur la conscience et le fait d'un pouvoir presque illimité. » [1]

Eh bien! la mer peut-elle être soumise à un pareil pouvoir? une nation peut-elle posséder la mer? Les flottes réunies du monde mettront-elles la mer à la discrétion d'un peuple? Poser ainsi la question, c'est la résoudre. Non, la mer ne peut devenir la propriété des hommes, parce qu'elle n'est pas susceptible d'être possédée.

A cette raison toute matérielle vient s'en ajouter une autre toute morale et non moins concluante.

La mer est un élément jeté partout, autour des terres, pour unir de tous les points du monde, les hommes et les nations. La mer est donc nécessaire au développement complet de la destinée morale de l'humanité, et il y aurait crime pour la nation, s'il en était une assez puissante pour le faire, qui oserait l'asservir, en faire sa propriété exclusive, mettant ainsi son *veto* à l'accomplissement de cette loi divine, qui commande impérieusement la communication des hommes les uns avec les autres.

L'usage de la mer reste donc éternellement ouvert et commun à tous; elle est la propriété indivise et indivisible de l'humanité.

2° La mer peut-elle être soumise à l'empire d'un peuple?

Toutes les nations ont des droits égaux; toutes sont indépen-

[1] Savigny, Traité de la possession, § 18.

dantes, les unes à l'égard des autres; comment dès lors concéder à un peuple le droit d'exercer sur cette mer, qui n'est la propriété de personne et commune à tous, un empire quelconque sur les navigateurs des autres nations.

Ainsi, l'impossibilité de la propriété des mers est une conséquence nécessaire de sa nature, qui ne lui permet pas d'être possédée, et de sa fin qui est de servir aux communications des hommes. Ainsi l'impossibilité de l'empire des mers est la conséquence non moins nécessaire de l'égalité de droits et de l'indépendance réciproque des nations.

Ces propositions sont vraies d'une manière absolue pour la pleine mer, Cependant si nous feuilletons l'histoire nous voyons des nations exprimer l'absurde prétention de s'arroger, sur certaines parties de la pleine mer, tantôt un domaine, tantôt une juridiction exclusive.

Au commencement du xviie siècle, les Portugais interdisent aux autres peuples les mers de Guinée et les Indes orientales. [2] Sous Charles Ier, Cromwell et Charles II, les Anglais prétendent au domaine de toutes les mers qui baignent les côtes de la Grande-Bretagne, jusqu'aux côtes des États voisins. Sous les premiers rois de la dynastie de Hanovre, ils modifient cette prétention, ils renoncent à la propriété, mais ils veulent qu'on reconnaisse leur souveraineté sur ces mers. Les Hollandais, ces défenseurs intrépides de la liberté des mers, ont voulu interdire aux Espagnols la route aux Philippines par le cap de Bonne-Espérance. L'Espagne a voulu qu'on lui reconnût le droit d'exclure les autres nations de la Mer Pacifique.

Il est inutile d'ajouter que ces prétentions furent toujours repoussées par d'énergiques protestations, et que jamais aucun

---

[2] Ordonnance des rois de Portugal, liv. 5, tit. 112.

traité de navigation ou de commerce n'est venu apporter sa sanction à une absurdité dont la raison fit toujours justice.

Quant à l'empire des mers, il a été souvent exercé de fait, et l'histoire des dernières guerres nous a offert l'étrange spectacle d'une nation puissante par sa marine, essayant de tous les moyens pour faire prévaloir à l'égard de ses ennemis et des neutres les principes les plus inconciliables avec la liberté des mers. Déplorable abus de la force, dont la solidarité, qui existe aujourd'hui entre les nations, rend le retour impossible. Ainsi en 1840, lorsqu'une collision entre les quatre grandes puissances de l'Europe, paraissait imminente, nous avons vu les autres nations se rapprocher, s'entendre, et commencer à prendre en commun des mesures à cet égard.

La France a toujours maintenu le principe de la liberté des mers. Henri IV refuse à la reine Elisabeth d'Angleterre la permission de *visiter* les vaisseaux français allant en Espagne ; Louis XIV ne veut pas souffrir seulement que la Manche prenne le nom de *Canal britannique* ; Louis XVI adhère aux principes de la *neutralité armée* (1780), et la république française inscrit sur les pavillons de ses vaisseaux et sur les drapeaux de son armée dite d'Angleterre, ces paroles généreuses « LIBERTÉ DES MERS, PAIX AU MONDE, ÉGALITÉ DE DROITS POUR TOUTES LES NATIONS » (Azuni, Droit maritime, t. 1er, art. 5, § 33, p. 198).

De nos jours, toute discussion sur le domaine et sur l'empire des mers est fermée ; il n'est plus de gouvernement qui puisse songer à renouveler ces prétentions d'une autre époque. De tous les auteurs qui ont écrit sur le droit naturel et sur le droit international, les écrivains anglais seuls, nient la liberté et la communauté de la mer, ou n'admettent ces principes qu'en multipliant les restrictions. Les progrès des événemens et des idées en tout ce qui concerne les relations internationales, ont relégué dans le domaine de l'histoire le dissentiment intéressé de l'Anglais.

Ainsi, il est universellement reconnu :

Que la pleine mer ne peut être soumise en aucune de ses parties, ni à la propriété, ni à l'empire d'aucun peuple.

Que les pavillons sont tous égaux en droits; qu'ils sont libres, sauf la nécessité pour tous de se conformer aux règles du droit des gens universel.

Que les mesures possibles de surveillance, d'inspection ou de police d'un pavillon à l'autre, ne peuvent jamais avoir lieu qu'en vertu de traités spéciaux, réciproques et obligatoires seulement pour les parties contractantes.

Que, quelle que soit la puissance maritime d'une nation, l'emploi qu'elle en ferait pour violer les principes de la communauté et de la liberté de la pleine mer, ne serait qu'un abus de la force, et ne lui conférerait aucuns droits légitimes à l'encontre des autres nations.

§ 2. *De la mer territoriale.*

La propriété, l'empire, sont impossibles d'une manière absolue sur la pleine mer; mais les causes qui s'opposent à l'existence de ces droits, ne se font point sentir sur certaines parties rapprochées des terres qui participent à leur condition, et peuvent devenir en tout ou en partie la propriété d'un peuple, ou être soumis à l'empire d'une nation.

La cause cessant, l'effet doit cesser. Ainsi, les ports et les rades, les golfes et les baies, certains détroits et certaines mers resserrées et enfermées dans les terres, qu'on appelle mers enclavées, enfin les parties de la mer voisine des côtes jusqu'à une certaine distance, font exception à la franchise générale des mers.

Les ports et les rades sont de nature à être possédés. Il n'existe ni obstacle matériel, ni obstacle moral au droit de propriété.

La nation, maîtresse des côtes qui les forment, peut y exercer de fait et d'une manière permanente, ce pouvoir physique constitutif de la possession, et en usant de ce droit de propriété pour interdire l'abord de ses ports et de ses rades, elle ne fait que se mettre personnellement en dehors de toute communication avec les nations, et ne les empêche pas de naviguer librement et de communiquer entre elles. Il faut donc reconnaître qu'à l'égard des ports et des rades il y a pour la nation qui les possède droit de propriété et droit d'empire réunis.

Il résulte de là, que le défaut d'usage d'une rade ou d'un port par un état qui les a en sa possession, ne donne pas le droit à un autre état de les occuper, l'occupation n'étant une cause légitime d'acquérir qu'à l'égard des choses qui ne sont à personne.

Il en résulte encore, que la nation maîtresse d'un port ou d'une rade peut les déclarer fermés, ouverts ou francs, en ne consultant en cela que les intérêts de ses relations, sa prospérité industrielle et commerciale.

Cependant, il est de maxime en droit international, que permissions ou prohibitions doivent avoir un caractère de généralité. Ainsi, les ports ouverts au commerce doivent l'être à tous; on ne peut, sans faire injure à une nation amie, en interdire l'entrée à ses bâtiments.

Ainsi, à moins d'une stipulation expresse, consentie par convention, les ports et les rades d'un état quelconque sont ouverts au navire de guerre de tout autre état ami.

L'oubli de ce principe exposerait pour le moins à des mesures de rétorsion.

Les traités ont proclamé ce même principe et la coutume internationale l'a sanctionné. On lit dans l'article 3o d'un traité du 14 février 1663, entre la France et le Danemark :

« Les navires de guerre de l'un des deux rois auront liberté
« d'entrer dans les hâvres, les rivières et les ports de l'autre, et

« d'y demeurer à l'ancre tant qu'ils voudront, sans être obligés
« de souffrir aucune visite, à la charge toutefois qu'ils n'y feront
« pas trop long séjour et sans nécessité qui puisse causer du soup-
« çon aux gouverneurs des lieux, à qui même les capitaines de
« navire seront obligés de faire entendre la cause de leur arrivée
« et de leur séjour. » Ce traité a été maintenu et confirmé par
un autre du 10 juillet 1813.

Ce qui ne doit pas empêcher un état de s'opposer à une sta-
tion permanente, dans ses ports, de navires de guerre étrangers,
de refuser même l'entrée d'un port à une escadre par mesure de
prudence, et de limiter, par des restrictions conventionnelles,
le nombre de vaisseaux qu'elle prétend admettre à la fois dans
ses ports.

Au surplus, tout état a le droit d'interdire sévèrement aux
étrangers l'entrée de ses ports purement militaires, arsenaux de
guerre, destinés à la construction, à l'armement, à l'entretien
et à la réparation de ses vaisseaux.

Nous ajouterons que le droit de propriété sur les ports et les
rades, quelque absolu qu'il soit, doit fléchir devant certaines
nécessités de la navigation. Ainsi, le droit de *relâche forcée*, ce
droit de la *nécessité*, est reconnu par la coutume et les traités,
même à l'égard des ports fermés.

Il en est des golfes et des baies, de tous les enfoncemens connus sous d'autres dénominations, comme des rades et des ports,
à la condition pourtant qu'ils soient formés par les terres d'un
même état, et que cet état puisse en gouverner l'entrée, soit par
le feu des batteries des côtes, soit par des navires stationnaires
ou croiseurs, soit par des travaux d'art, soit enfin en utilisant
les obstacles que la nature peut avoir placés devant eux, tels
qu'îlots, bancs de roches, bas-fonds, bancs de sable, etc. etc.

Les détroits sont des passages qui permettent de communiquer
d'une mer à l'autre. Si l'usage de ces mers est libre, la commu-

nication doit l'être également. Ainsi, lors même que la nation maîtresse des côtes dominerait un détroit par un mode quelconque d'action ou de défense, elle n'en aurait pas la propriété. La faculté essentielle et inviolable pour les peuples de communiquer entre eux, cet obstacle moral s'y opposerait de la façon la plus énergique.

Si les détroits sont libres, s'ils échappent au domaine, à l'empire, quelque soit leur rétrécissement, la loi internationale reconnaît cependant à leur égard certains droits d'une moindre étendue. Ainsi, la nation maîtresse des côtes, jouira, dans l'intérêt de sa propre sûreté, du droit de surveiller la navigation de ces passages, d'user, en temps de guerre surtout, de certaines précautions à l'égard des navires obligés, par la nature des lieux, de longer la côte de très-près, à portée de canon et sous l'artillerie des forts ; d'assujettir à l'acquittement de certains droits fixes, consentis par les traités, tout navire, lorsque les difficultés, les dangers de la navigation de ces détroits, exigent le secours de pilotes pratiques, l'aide de balises, de marques et de feux.

Toute mer particulière et intérieure, entièrement enclavée dans le territoire d'une nation, est incontestablement soumise aux droits de domaine et de souveraineté à l'égard de cette nation. Mais aussi, du moment que plusieurs états possèdent des côtes autour de cette mer, aucun de ces états ne peut s'en dire propriétaire ni souverain exclusif.

Le Danemark a, de tout temps, exercé un droit de surveillance exclusive sur les détroits du *grand Belt* et du *petit Belt ;* la justice de ce droit est évidente. Mais on peut contester, en bonne raison, la légitimité du péage du droit de passage que paient les navires étrangers qui, obligés d'éviter les bas-fonds de la côte de Suède, rangent celle de l'île de *Séeland* et passent sous le canon de *Cronembourg.*

La première fixation uniforme de ces droits de péage à l'égard de la France, eut lieu dans le traité du 14 février 1663 et dans celui du 23 août 1742.[1]

Aujourd'hui que les produits des droits du *Sund*, minimes à leur origine, justifiés à la rigueur, comme indemnité des frais de protection et de surveillance de la navigation, ont atteint, par suite du développement des relations maritimes, un chiffre si élevé, qu'il est hors de proportion avec les dépenses que ces droits doivent couvrir, il est permis d'en demander la réduction. C'est en effet payer un tribut pour l'usage d'un détroit qui doit être libre.

La Porte interdit aux vaisseaux de guerre de toutes les puissances étrangères l'entrée des détroits du Bosphore et des Dardanelles.

Cette règle immuable de l'empire ottoman a été reconnue par la Grande-Bretagne par le traité de paix signé à Constantinople le 5 janvier 1809 (art. 11).

«Comme il a été de tout temps défendu aux vaisseaux de «guerre d'entrer dans le canal de Constantinople, savoir : dans «le détroit des Dardanelles et dans celui de la mer Noire, et «comme cette ancienne règle de l'empire ottoman doit être de «même observée dorénavant en temps de paix, vis-à-vis de toute «puissance, quelle qu'elle soit, la cour britannique promet «aussi de se conformer à ce principe.[2]»

Ce principe a été également reconnu par la convention des détroits, signée à Londres le 13 juillet 1841, entre la France, l'Autriche, la Grande-Bretagne, la Prusse et la Porte Ottomane. Mais cette reconnaissance est motivée par des motifs politiques

[1] D'Hauterive, Recueil de Traités de navigation et de commerce, vol. 1, 1re partie.

[2] F. Schœll, Histoire des Traités de paix entre les puissances, t. 14, p. 530.

de l'ordre le plus élevé, par des considérations d'équilibre international.

La sûreté d'un état, le soin de sa conservation, lui font une loi de veiller sur ses frontières maritimes, d'exercer sur tout bâtiment qui approche de ses côtes de trop près la surveillance la plus minutieuse.

Mais quelle est la limite maritime *naturelle* d'un état? «Sera réputé bord et rivage de la mer, tout ce qu'elle couvre et découvre pendant les nouvelles et pleines lunes, et jusqu'où le grand flot de mars se peut étendre sur les grèves.» *Quatenus hybernus fluctus maximus excurrit?*[3]

Pour rendre plus efficace la défense des bords et des rivages, ces limites naturelles d'un état, la coutume d'accord avec les traités, permet le tracé à une distance convenable des côtes, et suivant leurs contours, d'une ligne imaginaire que l'on considère comme frontière maritime artificielle, et tout bâtiment qui franchit cette ligne est *dans les eaux* de l'état, dont elle garantit et limite la souveraineté.

Cet espace de mer compris entre cette ligne et la côte porte le nom de mer territoriale. L'étendue n'en est pas fixée d'une manière uniforme. Aujourd'hui tout l'espace de mer qui est à la portée du canon, le long des côtes est assez généralement regardé comme faisant partie du territoire.

Valin, l'habile commentateur de l'ordonnance sur la marine de 1681, proposait, en considérant la question sous le rapport géologique, d'accorder à la nation propriétaire de la côte, la souveraineté de toute l'étendue de la mer adjacente où l'on peut trouver le fond.

M. Gérard de Rayneval voudrait qu'on prît pour mesure la vue de ces mêmes côtes, c'est-à-dire, l'horizon réel.

[3] Ordonnance de la marine du mois d'août 1681, liv. 4, t. 7.

. Nous n'admettons aucun de ces derniers modes de fixation de l'étendue que doit avoir la mer territoriale, et nous ne nous décidons que d'après les principes sur lesquels repose le régime particulier de cette portion de la mer, et d'après la nature des droits que la nation propriétaire des côtes peut réclamer sur elle.

Le pouvoir de tout état sur la mer adjacente à ses côtes est fondé sur son droit de défense; ce droit ne peut donc être étendu au-delà du point où il y a motif de craintes sérieuses d'attaque ou de danger. Mais ce pouvoir ne donnant qu'un droit d'empire, de législation, de surveillance, de juridiction et d'emploi de la force, ne peut aller au-delà des atteintes de cette force. Cette portion de mer, que des moyens d'action peuvent dominer, sera donc seule *la mer territoriale*. Dès lors la plus forte portée de canon, selon les progrès de l'art à chaque époque, est la meilleure mesure universelle qu'on puisse adopter. *Terræ dominium finitur ubi finitur armorum vis.* [4]

Cependant, il est loisible aux puissances de fixer entre elles par des traités, une autre étendue à la mer territoriale.

On conçoit que pour empêcher les fraudes en matière de douane et de commerce, pour protéger la pêche côtière il ait fallu recourir à des règlemens spéciaux.

Ainsi, il a été convenu entre la France et l'Angleterre, que la distance pour la limite du droit exclusif de pêche sur les côtes respectives des deux pays, serait de trois milles de la laisse de basse mer. [5]

Dans ces cas, il est une règle à observer, c'est que ces règlemens spéciaux n'ont de force obligatoire que pour l'objet en vue duquel ils ont été établis.

[4] Wheaton, elem. of intern law, vol. 1, ch. 4, § 7.

[5] Convention entre la France et l'Angleterre sur la pêche, du 2 août 1839, art. 9 et 10.

Ordinairement le gouvernement seul, à qui appartient l'empire sur la mer territoriale, fixe les règles et les lois touchant le commerce, et les peuples commerçans doivent les connaître et les respecter.

Le Droit coutumier et le Droit conventionnel ont depuis longtemps admis le principe du respect dû à la mer territoriale d'un état neutre par les belligérans. Les traités anciens et modernes s'accordent sur le principe, mais ne fixent pas l'étendue à donner en temps de guerre à cette mer; les uns la fixent à deux et trois lieues, les autres à la portée du canon, ceux avec les puissances barbares la portent quelquefois jusqu'à dix lieues.

www.ingramcontent.com/pod-product-compliance
Ingram Content Group UK Ltd.
Pitfield, Milton Keynes, MK11 3LW, UK
UKHW022225120726
13694UKWH00002B/694